Sven-David Müller-Nothmann

Handbuch der Vitalstoffe

Vitamine, Mineralstoffe & Co
und ihre Bedeutung in der Ernährung

Buchumschlag: Gaby Bonn
Redaktion und Satz: Andreas Weber
Lektorat : Petra Hänsch
Druck: Paus Medien GmbH

Printed in Germany 2007

ISBN 3-931334-43-0

Unsere Lebensumstände und unsere allgemeine Fehlernährung können den Organismus massiv schädigen. Gezielt eingesetzte orthomolekulare Vitalstoffe können eine gesunde Ernährungsweise sinnvoll und effektiv ergänzen.

INHALT

VORWORT

Vitalstoffe sind in der heutigen Zeit des Überflusses eine immer wichtiger werdende Möglichkeit, unsere Gesundheit so lange wie möglich zu erhalten. Dabei zeigt sich, trotz jahrzehntelanger Ernährungsaufklärung und -verklärung, dass wir im Überfluss auch einen Mangel haben. Dazu kommt ein immer größeres Wissen über unsere Ernährung und die darin enthaltenen Nähr- oder Vitalstoffe.

Die Beeinflussung der Biochemie des Körpers und seiner Stoffwechselprozesse durch die optimale Versorgung mit Mikronährstoffen (Vitalstoffen) hat sich als wirksamer Schutz vor Erkrankungen erwiesen. Viele Vitalstoffe wie Aminosäuren, Vitamine, Mineralstoffe usw., die natürlich in unserer Umwelt vorkommen, werden heute in den verschiedensten Bereichen verwendet und angewendet: Ob in der Kosmetik, als Nahrungsergänzungsmittel, im Sport, als Anti-Aging-Mittel usw. Immer wieder zeigt sich, dass diese Vitalstoffe eine wichtige bis besonders wichtige Rolle für unsere Gesundheit haben.

Die Medizin bemüht sich bei den chronisch-degenerativen Erkrankungen z.B. Osteoporose, Krebs, Herzerkrankungen usw., diese auf vielfältige Art zu lindern. Dabei zeigen Forschungen, dass Mikronährstoffe (Vitalstoffe) bei Erkrankungen den Gesundungsprozess positiv beeinflussen - und das ohne Nebenwirkungen - aber auch, dass durch die Vitalstoffe die Gesundheit langfristig erhalten werden kann. Es währe daher falsch, sich nur auf die Prävention klassischer Mangelerscheinungen und die damit verbundenen Krankheiten zu beschränken.

Die Tendenz der Zeit geht immer mehr zur eigenen Aktivität in Sachen Gesundheit. Viele Menschen erkennen heute, dass es nicht genügt, ein Mittel zu nehmen, um gesund zu werden, sondern, dass sie selbst ihren Beitrag leisten müssen, wenn sie gesund bleiben oder werden wollen. Um Ihnen einen kurzen Überblick über die verschiedenen Vitalstoffe zu geben, ist diese Buch entstanden.

Vitalstoffe sind nur ein Teil unserer Gesundheit, die auf 5 Säulen stehen sollte:

Licht - Luft - Wasser - Bewegung - Ernährung.

Auf diesen Grundpfeilern beruhen die Grundfunktionen des Organismus:

- **Essen**
- **Verdauung**
- **Schlaf**
- **das seelische**
- **das sexuelle und**
- **das hormonelle Gleichgewicht**

Im Wissen, dass das vorliegende Buch nicht vollständig sein kann, bin ich immer für Anregungen und Kritik dankbar und wünsche, dass manche praktische Anregungen zu einem weiteren Dialog führen.

Sven-David Müller-Nothmann,
Medizinpublizist,
Ernährungsexperte
www.svendavidmueller.de
info@svendavidmueller.de

EINLEITUNG

Vitalstoffe werden in der orthomolekularen Medizin verwendet. Der Ausdruck „orthomolekular" (aus dem Altgriechischen *orthos = richtig*, *Molekül = kleines Teilchen*) wurde 1968 von dem Biochemiker und zweifachen Nobelpreisträger Linus Pauling geprägt: *Orthomolekulare Therapie ist die Erhaltung der Gesundheit und die Behandlung von Krankheiten durch Veränderung der Konzentration von Substanzen im menschlichen Körper, die normalerweise im Körper vorhanden und für die Gesundheit erforderlich sind.*

Pauling erkannte, dass viele chronische Krankheiten erst dann auftreten, wenn der Nährstoffhaushalt des Körpers durch minimale Mängel oder ein Ungleichgewicht in der Nährstoffversorgung beeinträchtigt ist. Die Herstellung einer gesunden Nährstoffbalance wurde zu einem wirksamen Behandlungsverfahren - der Orthomolekularen Therapie.

Die Orthomolekulare Therapie vereint die wichtigsten Forschungserkenntnisse von den Ernährungswissenschaften, der Biochemie, Molekularbiologie, Physiologie, Allgemeinmedizin, Immunologie, Endokrinologie (Hormonforschung), Toxikologie, Allergologie, Neurologie und Pharmakologie.

Amerikas höchste Nahrungsmittel-Überwachungs-Behörde FDA hat aus den erarbeiteten Erkenntnissen folgende Empfehlung für die tägliche Ernährung ausgesprochen: „Five A Day": Jeder Mensch sollte täglich fünf mal frisches Obst und/oder Gemüse zu sich nehmen. Einige Jahre später hat die Europäische Union diese Formel übernommen und in Deutschland wird sie unter dem Motto „Fünf am Tag" propagiert.

Für viele Menschen erscheint diese Empfehlung allerdings utopisch, weil sie so oft pro Tag nicht essen und auch die Zeit nicht aufbringen können, zwei Hände voll Obst und Gemüse gründlich zu kauen - und das fünfmal pro Tag! Nur 2 % der Menschen in Deutschland nehmen diese Gemüse- / Obstmenge zu sich.

Auf der anderen Seite werden so große Mengen von Obstsäuren und Ballaststoffen von den meisten Menschen gar nicht vertragen und können sogar zu Verdauungsbeschwerden führen.

An dieser Stelle setzt die Orthomolekulare Therapie an und bietet Nahrungsergänzungsmittel, welche die wichtigsten Mikronährstoffe in konzentrierter und gut dosierter Form dem Körper zuführen. Dazu gehören Vitamine, Mineralstoffe, Spurenelemente, Aminosäuren, Enzyme und Fettsäuren.

Orthomolekulare Therapie bietet hervorragende Möglichkeiten, den modernen, zivilisationsbedingten Krankheiten durch die Beseitigung der zugrunde liegenden Vitalstoffdefizite zu begegnen.

Orthomolekulare Therapie stellt keinesfalls ein Gegengewicht zur etablierten

Schulmedizin dar, sondern versucht vielmehr die Rolle eines natürlichen Partners zu übernehmen.

In hohem Maße profitieren von orthomolekularen Vitalstoffen alle, und nicht nur die von den Volkskrankheiten wie Herzerkrankungen, Diabetes mellitus, Osteoporose und Krebs betroffen sind. Durch eine gezielte und ausgewogene Substitution mit sinnvoll zusammengesetzten Vitalstoffen werden Basistherapien in ihrer Wirkung verstärkt und die Nebenwirkungen der schulmedizinischen Anwendungen gemindert.

Langjährige Studien (z. B. aus Harvard/USA) belegen, dass die Sterberate bei Herzerkrankungen mit orthomolekularen Vitalstoffen um bis zu 40 % abgenommen hat.

Auch im Bereich der Anti-Aging-Medizin können orthomolekulare Vitalstoffe einen wertvollen Beitrag leisten, da im Verlauf der Jahre der Stoffwechsel, die Abwehr, Entgiftungsvorgänge sowie viele Reparaturmechanismen im Körper nachlassen. Diese können mit orthomolekularen Vitalstoffen wieder nachhaltig aktiviert werden.

Ferner bieten orthomolekulare Vitalstoffe die Möglichkeit, die Widerstandskraft des Organismus zu erhöhen, die Entgiftungsvorgänge zu unterstützen und die Selbstheilungskräfte in jedem von uns zu mobilisieren.

Das Ganze ist mehr als nur die Summe einzelner Bestandteile. Erst im Verbund mit anderen wichtigen Substanzen (Synergie) entwickeln orthomolekulare Vitalstoffe ihre optimale Wirkung, denn die Orthomolekulare Therapie versucht stets dem Organismus die richtige Menge an Nährstoffen zuzuführen, um so seine Eigenregulation wiederherzustellen.

Die Ziele der Supplementierung mit orthomolekularen Vitalstoffen sind:

- Prävention von Krankheiten
- Substitution fehlender Mikronährstoffe bei Mangelerscheinungen
- Unterstützung natürlicher Körperfunktionen
- begleitende Behandlung von Krankheiten
- Verbesserung der Vitalstoffbilanz

Hier einige Beispiele, was die orthomolekularen Vitalstoffe im Einzelnen bewirken können:

1. Mangelzustände beheben. Beispiel: Kalium-Substitution bei Herzrhythmusstörungen, in Folge von Durchfällen oder nach Gabe von Abführmittel und Diuretika.

2. Stoffwechselkrankheiten. Beispiel: Bei Diabetes mellitus verlieren die Patienten viel Zink und Chrom über den Urin. Durch die Gabe der beiden Spurenelemente wird die Blutzuckereinstellung optimiert.

3. Therapeutische Effekte erzielen. Beispiel: Magnesium-Gaben bei bestimmten Herzrhythmusstörungen - auch ohne nachgewiesenen Mangel.

4. Begleitende Effekte ergänzend zu schulmedizinischer Behandlung. Beispiel: Hochdosierte Gaben von Einzel-Substanzen bei nachgewiesenem Mangel wie Calcium bei Osteoporose, Vitamin C bei Infektanfälligkeit, Magnesium bei Wadenkrämpfen, Vitamin D bei Rachitis usw.

Das Robert-Koch-Institut berechnete im Jahr 2004 folgende Mangelversorgungen in Deutschland:

- 90 % der Bundesbürger bekommen zu wenig Folsäure
- 70 % bis 80 % mangelt es an Vitamin D
- 50 % bis 60 % nehmen zu wenig Vitamin E zu sich
- 50 % sind mit Calcium, Jod und Eisen unterver sorgt

10 GUTE GRÜNDE FÜR DIE ORTHOMOLEKULARE VITALSTOFFE

1. Jeder Mensch verfügt über einen individuellen Stoffwechsel. Die Verzehrsempfehlungen der Ernährungsgesellschaften gelten für gesunde Menschen. Empfehlungen für Kranke, Sportler, Schwangere oder Menschen in besonderen Lebenssituationen müssen immer individuell betrachtet werden.

2. Umweltverschmutzung und industrielle Verarbeitung der Nahrung (aus Lebensmitteln wurden Nahrungsmittel) verändern den Gehalt an Vitalstoffen. Pestizide, Insektizide, Düngermittel, Monokulturanbau, lange Lagerung und Transportwege, Erhitzen, Konservierung, antibiotische Behandlung der Rohstoffe und Verarbeitung zu Fertignahrung üben einen negativen Einfluss auf den Nährstoffgehalt unserer Nahrung aus.

3. „Wir verhungern vor vollen Töpfen", weil die essentiellen, nicht im Körper selbst herzustellenden Vitalstoffe zunehmend fehlen.

4. Viele Berufstätige haben weder die Zeit frische Nahrungsmittel einzukaufen und schonend zuzubereiten, so dass die vorhandenen Nährstoffe erhalten bleiben, noch die Muße, diese in Ruhe zu essen.

5. Wir essen meist viel und zu oft das Falsche und nehmen zu viel Zucker sowie tierische Fette zu uns. Eine besondere Zumutung für den menschlichen Organismus ist das Fastfood, das dem Körper nur „leere Kalorien" liefert.

6. Viele von uns bewegen sich zu wenig. Dadurch kommen einige Stoffwechselprozesse zum Erliegen, das Blut wird dick, das Fett lagert sich ab und die Tür zu den Zivilisationskrankheiten öffnet sich.

7. Intensiver Leistungssport setzt wiederum unseren Körper in einen Dauerausnahmezustand. Mineralstoffe werden ausgeschwemmt und die einzelnen Organe kommen an ihre Belastungsgrenze.

8. Alkohol, Nikotin, Medikamente und die „Pille" gehören zu den bekannten „Vitaminräubern", die unserem Körper viele Vitalstoffe entziehen.

9. Der permanente Stress erhöht den Bedarf an zahlreichen Vitalstoffen.

10. Durch die Supplementierung mit orthomolekularen Vitalstoffen kann der individuelle Bedarf optimal berücksichtigt werden.

AUSGEWOGENE ERNÄHRUNG

Wie eine ausgewogene Ernährung aussehen soll, wissen die meisten bereits: Wenig Fett und Zucker, viel frisches Obst, Gemüse und Salat, wenig Fleisch, regelmäßig Fisch, fettarme Milchprodukte und viele Ballaststoffe.

Durch Vermeidung unnötiger Noxen (belastende Substanzen wie z.B. Nikotin) wird die Körperbelastung mit Giften in Grenzen gehalten.

Große „Ess-Sünden“ bestraft der Körper mit einer Gewichtszunahme. Kalorien zuführen geht sehr schnell aber diese wieder abbauen, dauert leider viel länger (siehe Tabelle nebenan).

TIPPS FÜR EINE AUSGEWOGENE ERNÄHRUNG

1. Nehmen Sie sich genug Zeit, in Ruhe und in einer entspannten Atmosphäre zu essen und genießen Sie jeden Bissen. Lassen Sie sich beim Essen nicht ablenken z. B. durch das Fernsehen.

2. Legen Sie während des Essens kleine Pausen ein, so merken Sie schneller, wann Sie satt sind (das Sättigungsgefühl setzt erst nach 10 bis 15 Minuten ein).

3. Essen Sie nur, wenn Sie wirklich Hunger haben.

4. Achten Sie auch auf die unsichtbaren Fette z.B. in Wurst, Käse, Süßwaren und Gebäck.

5. Essen Sie höchstens 2 bis 3-mal pro Woche Fleisch und Wurst. Wählen Sie dabei magere Fleisch- und Wurstsorten aus.

6. Essen Sie 1 bis 2-mal pro Woche Seefisch (z.B. Schellfisch, Scholle, Seelachs). Mit Lachs können Sie die Versorgung mit essentiellen Fettsäuren verbessern.

7. Verwenden Sie für Salate hochwertige, kaltgepresste Pflanzenöle. Streichen Sie Margarine oder Butter dünn aufs Brot.

8. Trinken Sie mindestens 2 Liter Flüssigkeit am Tag. Geeignete Durstlöscher sind Mineralwasser, ungesüßte Kräuter- oder Früchtetees, Obstsaftschorlen, Gemüsesäfte. Kaffee, schwarzer Tee oder alkoholische Getränke sind Genussmittel und als Durstlöscher ungeeignet.

9. Bevorzugen Sie abwechslungsreiche Mischkost, frisches Obst und Gemüse.

10. Satteln Sie von Süßigkeiten, die reichlich Zucker und Fett beinhalten, auf natürliche Süßigkeiten um (z.B. Früchte).

11. Die Zufuhr von Kalorien über die Nahrung sollte nicht höher sein, als der Kalorienverbrauch des Körpers. Die Empfehlung für die nötige Kalorienmenge lautet:

- Kohlenhydrate 5-6 g je kg Körpergewicht
- Fett 0,8 - 1 g je kg Körpergewicht
- Eiweiß 0,8 - 1 g je kg Körpergewicht.

12. Meiden Sie ungesundes Kantinenessen oder Essen im Schnellrestaurant.

13. Achten Sie auf frische Zubereitung der Nahrungsmitteln.

14. Essen Sie würzig, aber nicht salzig, denn zuviel Salz verdirbt den Eigengeschmack der Speisen. Nehmen Sie lieber frische Kräuter und Gewürze.

Ausgewogen essen und trinken, die Nahrungsaufnahme genießen und viel Bewegung - das sind die drei wichtigen Säulen für mehr Gesundheit und Lebensqualität.

TÄTIGKEIT / Kalorienverbrauch pro 30 Minuten in kcal/kg

Autofahren auf der Landstraße	30	Gymnastik	150
Autofahren im Stadtzentrum	96	Holzhacken	112
Autowaschen	80	Kartoffelschälen	87
Baumfällen	254	Klavierspielen	40
Bergsteigen	240	Geschirrspülen	78
Bettenmachen	123	Leichte Morgengymnastik	75
Bogenschießen	121	Laufen (9 km/h)	300
Bowling	97	Radfahren (10 km/h)	84
Brustschwimmen	340	Reiten im Galopp	265
Bügeln (stehend)	170	Rückenschwimmen	150
Dauerlauf (15 km/h)	386	Rudern	120
Einkaufen (Tasche)	90	Rock'n' Roll tanzen	350
Fensterputzen	99	Schlittschuhlaufen	300
Fußballspielen	360	Schneeschaufeln	250
Fußbodenwischen	120	Schubkarre schieben (m. 110 kg)	115
Gehen mit 10 kg Last bei 4 km/h	108	Sitzen, bequem	13
Golfspielen	155		

Quelle: www.uni-leipzig.de

GIFTE IN DER NAHRUNG

Noch nie war unser Lebensraum so vielen Giftstoffen ausgesetzt wie in den letzten Jahrzehnten.

Die Hauptlast der Entgiftung trägt unsere Leber. Dabei dürfen wir eines nicht vergessen: Die Umweltbelastung hat in den letzten Jahrhunderten um das Vielfache zugenommen, unsere Leber und unsere Nieren dagegen sind die gleichen geblieben wie vor tausend Jahren!

Allerdings ist die Menge der zugeführten Substanzen entscheidend, ob diese zum Gift werden. Beispiel: Das Spurenelement *Selen* ist in hohen Dosen extrem toxisch, in geringen dagegen gesundheitsfördernd.

Je weniger wir unnötige Medikamente einnehmen und je maßvoller wir Alkohol konsumieren, desto mehr kann die Leber sich ihren Entgiftungsaufgaben widmen und regenerieren.

Neben Alkohol, Nikotin, Amalgamfüllungen, Giften in der Luft, im Wohnraum und am Arbeitsplatz nehmen wir zahlreiche Gifte mit der Nahrung auf. Hier einige Beispiele:

1. Aflatoxine sind Pilzgifte, die in Erdnüssen, Mohn und Getreide vorkommen und als hochgradig krebserregend gelten.

2. Bakterien führen u.a. zu Botulismus, Listeriose und Salmonellose. Die Symptome sind Übelkeit, Durchfall, Kopfschmerzen, Fieber.

3. Benzypren ist ein krebserzeugender Kohlenwasserstoff, der durch zu langes Garen über 180° C entsteht.

4. Biogene Amine in Käse und Wein wirken Blutdruck steigernd und Migräne auslösend.

5. Blausäure findet man in Kernen von Steinobst, Nüssen und Leinsamen. Im Körper wird Blausäure durch Darmbakterien freigesetzt und kann die Sauerstoffaufnahme ins Blut hemmen.

6. Capsaicin in Paprika und Cayenne-Pfeffer kann die Sinneszellen ebenso wie die Schleimhäute des Verdauungstraktes schädigen.

7. Glycyrrhin in Lakritze kann Kopfschmerzen, Müdigkeit, Salz- und Wasserbindung im Gewebe verursachen und zu Bluthochdruck führen.

8. Hämagglutinine in Bohnen: Viele Bohnenarten haben toxische Wirkungen, wenn sie roh gegessen werden. Bereits der Genuss von 5-6 rohen grünen Bohnen kann zu schweren, blutigen Magen-Darm-Entzündungen führen.

9. Myristicin in der Muskatnuss: Die Einnahme größerer Mengen wirkt toxisch und kann zum Tod führen.

10. Nitrate. Der Nitratgehalt steigt erheblich bei Gewächshauskulturen und Überdüngung der Felder. Giftig ist die umgewandelte Form - das **Nitrit**. Im Körper beeinträchtigt Nitrit den Sauerstofftransport im Blut.

11. Nitrosamine, die als krebserregend gelten, entstehen durch Braten oder Grillen von gepökelten Lebensmitteln wie Salami, Kassler, Schinken, Käsetoast u.v.m.

12. Oxalsäure kommt in Rhabarber, Spinat, Sellerieknollen und Mangold vor. Sie stört den Calciumstoffwechsel, da sich aus Oxalsäure und Calcium Oxalate bilden, die zu Nierensteinbildung führen.

13. Phasin ist in zahlreichen Bohnenarten enthalten. Es schädigt die Nieren und Magen. Tipp: Kochen bei über 40° C macht die toxischen Eiweiße unschädlich.

14. Radioaktive Rückstände durch Radium, Plutonium, Cäsium und Uran (z.B. nach dem Reaktorunfall von Tschernobyl) belasten unseren Boden.

15. Schwermetalle wie Cadmium, Blei, Quecksilber usw. sind hochgiftig. So hemmt z.B. Blei die Enzyme im Körper. Quecksilber stört das Nervensystem und kann auch zur Erblindung führen. Sie kommen vor allem in Amalgamfüllungen, konservierten Lebensmitteln, sowie in Meeresfisch, Muscheln, Innereien und Waldpilzen vor.

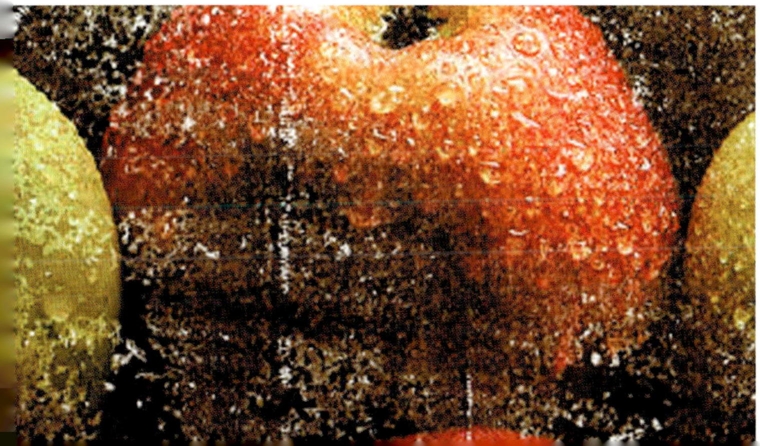

16. Solanin findet man in grünen Kartoffeln und Tomaten. Die Aufnahme von Solanin führt zu Kopfschmerzen, Erbrechen und Durchfall - in sehr hohen Dosen sogar zum Tod.

Während der industriellen Verarbeitung der Nahrungsmittel werden zahlreiche Zusätze beigemischt, um ihre Haltbarkeit, ihr Aussehen und ihren Geschmack zu verbessern.

ZUSÄTZE IN DEN LEBENSMITTELN

Anorganische Säuren - z.B. Phosphate werden Wurstwaren zugesetzt, um ein besseres Wasserbindungsvermögen zu erreichen. Sie verbinden sich mit Calcium und können die Aufnahme von Calcium im Körper hemmen.

Benzoesäure wirkt gegen Pilze und Bakterien. Sie hat eine lokalanästhetische und gefäßerweiternde Wirkung.

Farbstoffe. Die künstlichen organischen Farben (Azofarbstoffe) sind mit dem Benzol verwandt. Manche Menschen, die *Aspirin* nicht vertragen, vertragen ebenfalls keine Azofarben. Auch Asthmatiker können darauf allergisch reagieren. Azofarben stehen im Verdacht das Hyperaktivitäts-Syndrom bei Kindern auszulösen.

Geschmacksverstärker wie z.B. Glutaminsäure sind u.a. in Soja-Saucen enthalten. Glutaminsäure intensiviert den Geschmack von Fleisch, Fisch, Gemüse und Suppen und hemmt unerwünschte Geschmacksempfindungen, wie Erdgeschmack oder bitteren Geschmack. Reichlicher Genuss von Glutaminsäure-Mononatriumsalz kann zum Auftreten von Taubheitsgefühl im Nacken, das sich auf Arme und Rücken ausbreitet, zu Schwächegefühl, Herzklopfen und Kopfschmerzen führen. Diese Symptome tauchen kurz nach Beginn des Essens auf und verschwinden nach 2 Stunden wieder (sog. China-Restaurant-Krankheit). Aktuelle Studien zeigen, dass Natrium-Glutamat auch zu Übergewicht führen kann.

Säuren wie Ameisensäure, Adipinsäure, Bernsteinsäure, Essigsäure, Fumarsäure, Malonsäure, Milchsäure, Weinsäure oder Zitronensäure blockieren das Wachstum von Mikroorganismen und die Keimung von Sporen. Manche Säuren werden zur Verstärkung der Geschmacksqualität genommen, um unerwünschten Nachgeschmack zu überdecken, bestimmte pH-Werte einzustellen oder die Beschaffenheit z.B. der Backwaren zu verändern. Solche Säuren sind zwar weniger toxisch und werden vom Organismus gut abgebaut, doch lösen sie bei empfindlichen Personen unerwünschte Reaktionen aus. Beispiele: Das Kalium- und Natriumsalz der Weinsäure wirkt abführend und Zitronensäure verhindert die Aufnahme von Calcium im Darm.

NAHRUNGSMITTEL-ALLERGIEN

Viele Nahrungsmittel, die keine oder sehr wenig giftige Stoffe enthalten, können trotzdem toxische Reaktionen auslösen, wenn eine Allergie oder unverträglichkeit gegen bestimmte Inhaltsstoffe besteht.

Bei Personen, die Antikörper gegen bestimmte Substanzen in den Nahrungsmitteln gebildet haben, treten mehr oder weniger schwere allergische Erscheinungen wie Atemnot, Hautekzeme, Schwellung der Schleimhäute, Durchfall oder Schock auf. In einzelnen Fällen können Nahrungsmittelallergien sogar tödlich enden.

Gegen solche Stoffe in einem oder mehreren Nahrungsmitteln (Antigene) bildet der Organismus spezifische Antikörper.

Die Zahl der Nahrungsmittel, die als Antigene wirksame Substanzen enthalten, ist außerordentlich groß. An allen allergischen Erkrankungen ist Milch in 20 % aller Fälle beteiligt. Auch Eier führen häufig zum Ausbruch allergischer Erkrankungen. Besonders hohes Allergierisiko geht von Eiern aus, wenn die Legehennen mit Fischmehl gefüttert worden sind.

Allergiereaktionen auf Inhaltsstoffe von Schalentieren sind breit vertreten. Bei Zitrusfrüchten richtet sich die Allergie gegen die ätherischen Öle in den Schalen. Auch andere Obstarten können Allergien auslösen. Selbst unerwünschte Reaktionen gegen bestimmte Gemüsesorten wie Hülsenfrüchte, Erdnüsse, Lauch, Spargel, Sellerie, Möhren, Rettich, Meerrettich, Tomaten, Kohl und Kartoffeln sind bekannt.

Bekannt ist auch die Unverträglichkeit gegen Getreide, dessen Antigen das Eiweiß Gliadin im Kleber (Gluten) des Getreides ist.

Personen mit einer Penicillinunverträglichkeit können oft gegen Schimmelpilze bei der Käseherstellung allergisch reagieren.

FREIE RADIKALE

Ohne Sauerstoff können wir nicht leben, aber oxidierter Sauerstoff in Form „freier Radikale“ kann zu lebensbedrohlichen Krankheiten führen und den vorzeitigen Alterungsprozess auslösen.

Freie Radikale werden als natürliche Stoffwechselprodukte permanent in unserem Körper produziert und erfüllen grundsätzlich lebenswichtige Aufgaben. Allerdings können Umweltbelastungen, Fehlernährung, körperlicher oder seelischer Stress - aber auch Medikamente und Verletzungen - zu einer unkontrollierten Produktion freier Radikale führen. Die Selbstregulation durch den Körper wird dabei gestört.

Übersteigt die Bildung freier Radikale ein gesundes Maß, spricht man von „oxidativem Stress“ der sich im Blut nachweisen lässt. Die chemisch schnell und aggressiv wirkenden freien Radikale stören und zerstören wichtige Funktionen und Strukturen im Körper, wie Zellmembrane oder Erbgut, wodurch Krankheiten entstehen können.

Freie Radikale richten im Körper Schäden an, die zunächst durch Reparaturmechanismen ausgeglichen werden. Mit zunehmender Belastung verlaufen diese Reparaturmechanismen jedoch immer fehlerhafter bis sie sogar zu einem bestimmten Zeitpunkt der Zellteilung völlig ausgeschaltet werden und so zu einer ständigen Verschlechterung der Funktionalität, der Stabilität und damit der Gesundheit des Körpers führen. Das Altern beginnt.

Treten im Körper zusätzlich entzündliche Prozesse auf, verschlimmert sich die Situation dramatisch: Bei einer Arthrose zum Beispiel, führen die Radikale zu irreparablen Schäden am Körpergewebe und am Bewegungsapparat.

Aber auch Herz-Kreislauf-Erkrankungen, Immunschwäche, Krebs u.a. Erkrankungen sind auf den mittelbaren oder unmittelbaren Einfluss der freien Radikale zurückzuführen.

Unter ungünstigen Umständen kann ein einziges freies Radikal tausende Zellen zerstören!

Die Natur hat einen Selbstschutz gegen freie Radikale parat: die Antioxidantien. Dazu gehören insbesondere Vitamin E und C, Carotinoide, Selen, Zink, Mangan und Kupfer, verschiedene Enzyme (z.B. Glutathionperoxidase, Superoxiddismutase), Coenzym Q10, Schwefelverbindungen wie L-Glutathion und L-Cystein, pflanzliche Antioxidantien (Polyphenole) und *Lycopene* (rote Farbstoffe der Tomate). Antioxidantien, die auch als Radikalfänger bezeichnet werden, sind in der Lage, die freien Radikale zu neutralisieren. Sie reagieren schnell mit den aggressiven Sauerstoffverbindungen und machen sie unschädlich.

Freie Radikale führen zum erhöhten Bedarf an Mikronährstoffen durch:

- Alkoholkonsum
- Belastungen am Arbeitsplatz (Ausdünstungen von Computern Laserdrucker und Kopiergeräten)
- Rauchen / Passivrauchen
- physischen und psychischen Stress
- Lärm
- Schwermetalle, Stickoxide, Ozon
- Pestizide, Nitrate, Schimmelpilze
- Dieselruß, Autoabgase
- Belastung mit Farben, Holzschutzmitteln, Lösungsmitteln, Formaldehyd, Asbest...)
- UV-Strahlung
- Krankheiten
- während der Rekonvaleszenz
- Radio- und Chemotherapie
- sportliche Aktivitäten
- Medikamenteneinnahme
- Drogenkonsum
- Langstreckenflüge
- Sonnenbäder
- Schwangerschaft / Stillzeit
- Alter

AMINOSÄUREN

Aminosäuren sind Bausteine der Eiweiße, welche unserem Körper unentbehrliche Wirkstoffe für den Aufbau von Gewebe liefern, sowie zahlreiche Enzym- und Hormonfunktionen unterstützen.

Wir nehmen Aminosäuren in Form von pflanzlichen und tierischen Nahrungsmitteleiweißen zu uns.

Von den meisten Aminosäuren kann der Köper 14 selbst aufbauen. 10 Aminosäuren sind essentiell (Arginin, Histidin, Isoleucin, Leucin, Lysin, Methionin, Phenylalanin, Threonin, Tryptophan und Valin), d.h. sie müssen ständig über die Nahrung bzw. Nahrungsergänzungen zugeführt werden.

ARGININ steht in enger Beziehung zu ORNITHIN und beide spielen eine wichtige Rolle bei der Entgiftung des Harnstoffzyklus.

ARGININ stimuliert das Immunsystem über die Thymusdrüse und hilft bei Muskelaufbau und Wundheilung. Auch an der Ausschüttung von Insulin und Wachstumshormonen ist ARGININ beteiligt.

Zusammen mit Folsäure wirkt ARGININ der Arterienverkalkung entgegen.

CYSTEIN als schwefelhaltige Aminosäure schützt die Leber und andere Gewebe vor Alkoholschäden und reduziert die toxische Wirkung von Chemikalien.

N-ACETYL-CYSTEIN ist eine stabilere Form von CYSTEIN. Sie wird bei Asthma, Sinusitis, Bronchitis zur Entgiftung und als Antioxidans eingesetzt.

CARNITIN wird allgemein zu den Aminosäuren gezählt. Es spielt eine Rolle bei der Fettverbrennung zu Energie und ist eine der wichtigsten Energielieferanten für die Muskeln.

CARNITIN wird zur Unterstützung von Angina pectoris, Herzschwäche und Herzrhythmusstörungen sowie zur Förderung der körperlichen und geistigen Leistungsfähigkeit eingesetzt.

CARNITIN ist wasserlöslich und wird beim Kochen zerstört. Auch die im Körper gebildeten oder über die Nahrung aufgenommenen Mengen reichen nicht immer aus.

ACETYL-L-CARNITIN (ALC) ist die an Fette gebundene Aminosäure CARNITIN. Natürlicherweise kommt ALC vor allem im Gehirn vor. Mit steigendem Lebensalter sinkt der Spiegel von ALC im Gewebe. ALC zeigt positive Wirkungen bei Demenzerkankungen (z.B. Alzheimer), Altersdepressionen, HIV-Infektionen, diabetischer Neuropathie und zerebralen Durchblutungsstörungen.

GLUTAMIN kann in kleinen Mengen im Körper gebildet werden, den überwiegenden Teil liefert aber die Nahrung. GLUTAMIN ist die Aminosäure, die im Körper am häufigsten vorkommt. GLUTAMIN hilft bei Stresssituationen und nach Unfällen oder Operationen, indem es beruhigende und aufbauende Eigenschaften entfaltet.

LEUCIN mit VALIN und ISOLEUCIN bilden eine wichtige Energiequelle für die Muskeln.

LYSIN hat antivirale Eigenschaften und kann u.a. bei allen Arten von Herpes zu einer schnelleren Linderung führen. Dagegen verstärkt ARGININ die Symptome und sollte nicht bei Herpes eingenommen werden.

METHIONIN ist für eine optimale Gehirnfunktion unerlässlich.

ORNITHIN trägt zur Entgiftung von Ammoniak bei und ist Teil des Harnstoffzyklus. Dabei wird Ammoniak an ORNITHIN gebunden, welches zu ARGININ wird. ARGININ wird dann unter Wasseraufnahme zu Harnstoff, der über die Nieren ausgeschieden wird.

PHENYLALANIN ist ein Stimmungsaufheller und kann Gedächtnis sowie Lernfähigkeit fördern. Ein Mangel an PHENYLALANIN in der Kindheit kann zu Verhaltensstörungen und geistigem Zurückbleiben führen.

TAURIN senkt den Blutzuckerspiegel, unterstützt die Leber in ihrer Entgiftungsfunktion, stärkt den Herz-Kreislauf, hilft begleitend bei Herzrhythmusstörungen und ist beteiligt an der Fettverbrennung. Als Bestandteil der Gallenflüssigkeit fördert TAURIN die Fettverdauung, ist für die Aufnahme von fettlöslichen Vitaminen und die Regulierung des Blutcholesterinspiegels zuständig.

TRYPTOPHAN spielt eine wichtige Rolle bei der Reizübermittlung in den Gehirnnerven, da es eine Vorstufe von Serotonin ist. Es wird erfolgreich bei Schlafstörungen eingesetzt.

TYROSIN wird bei der Herstellung des Schilddrüsenhormons benötigt.

AMINOSÄUREN-VERBINDUNGEN

Unter reduziertem GLUTATHION versteht man ein komplexes, biochemisches System, das essentiell an zahlreichen Stoffwechselprozessen beteiligt ist. Dieses Tripeptid reguliert die Zellteilung, hilft bei der Reparatur schadhafter DNA, trägt zur Entgiftung bei, erhöht die Aktivität von Abwehrzellen und spielt eine wichtige Rolle im antioxidativen Schutzsystem des Körpers. Reduziertes GLUTATHION in niedriger Dosierung hat eine entgiftende, antioxidative und Strahlenschutzwirkung. In höherer Dosierung weist es tumorhemmende und immunmodulierende Eigenschaften auf.

L-FORMEN

Die natürlich vorkommenden sowie die körpereigenen Formen von Aminosäuren sind die sog. **L-Formen** (Isomere). Daher sollten Supplemente grundsätzlich in der L-Form, wie z.B. *L-Carnitin*, verabreicht werden.

VITAMINE

Vitamine sind organische Verbindungen, die biologische Vorgänge im menschlichen (und tierischen) Organismus nachhaltig regulieren.

Vitamine zählen, wie auch Mineralstoffe und Spurenelemente, zu den nicht energieliefernden Nährstoffen, die der Körper zur Erhaltung seiner Leistungsfähigkeit benötigt.

Da es sich bei den Vitaminen um recht komplizierte organische Moleküle handelt, kommen sie in der unbelebten Natur nicht vor. Sie müssen erst von Pflanzen, Bakterien oder Tieren gebildet werden.

Der Mensch kann nur Vitamin D selbst erzeugen, daher ist er auf die Aufnahme über die Nahrung angewiesen.

Als essentielle Wirkstoffe sind Vitamine zur Aufrechterhaltung der Gesundheit unersetzlich.

Einige Vitamine werden dem Körper als Vorstufe (Provitamine) zugeführt, die erst vom Organismus in die entsprechende Wirkform umgewandelt werden.

KURZE GESCHICHTE

1912 beschäftigte sich der Biochemiker Casimir Funk intensiv mit der Isolierung eines Wirkstoffes gegen die damals verbreitete, durch giftige Pilze hervorgerufene Nervenkrankheit Beri-Beri (zu deutsch: Schafsgang), die mit Lähmungen und Kräfteverlust einherging. Sie trat erst in asiatischen Ländern auf, nachdem man dort europäische Reisschälmaschinen eingeführt hatte.

Casimir Funk isolierte aus Reiskleie einen Stoff, der Beri-Beri heilen konnte. Die Analyse der Verbindung zeigte, dass es sich um eine Stickstoffverbindung - ein Amin - handelte. So hatte Funk das *Thiamin*, heute unter der Bezeichnung *Vitamin B1* bekannt, entdeckt und prägte den Begriff *Vitamin* (*vita* - das Leben und *Amin* - Stickstoffverbindung).

1913 wurden die einzelnen Namen der Vitamine mit großen Buchstaben des Alphabets gekennzeichnet.

Zwischen 1920 und 1980 wurden die bekanntesten Vitamine untersucht, isoliert und katalogisiert.

Unser Körper kann nur bestimmte Vitamine speichern (man kann diese „auf Vorrat essen"), andere wiederum können nicht gespeichert werden, sondern müssen möglichst täglich über die Nahrung laufend zugeführt werden.

Danach werden Vitamine in zwei Gruppen eingeteilt: Fettlösliche (speicherbare) und wasserlösliche (diese werden wieder ausgeschieden).

Die fettlöslichen Vitamine sind **A** (Retinol/ß-Carotin), **D**-Calciferol, **E**-Tocopherol und **K**-Phyllochinon.

Zu den wasserlöslichen Vitaminen gehören die acht Vitamine des **B**-Komplexes und Vitamin **C**.

VITAMINMANGEL

Ein Vitaminmangel kann als Folge eines erhöhten Bedarfs entstehen (während Schwangerschaft und Stillzeit, in der Wachstumsphase), aufgrund einer mangelnden Zufuhr, durch einseitige Ernährung und Diäten, Vitamin-Aufnahmestörungen im Darm und schwere chronische Krankheiten.

Bestimmte Grunderkrankungen und Medikamente können ebenfalls zur Unterversorgung mit Vitaminen führen. Auch durch Aufbewahrungs- oder Zubereitungsart der Lebensmittel kann der Vitamingehalt erheblich variieren.

Stress, Alkohol und Nikotin gehören zu den bekanntesten „Vitaminräubern", d.h. sie bauen vorhandene Vitaminreserven im Körper ab.

Bei Alkoholikern führen gleich mehrere Faktoren zum Vitaminmangel. Der chronisch Suchtkranke nimmt außer dem Suchtmittel kaum andere Nahrung zu sich, er leidet an einer Mangelernährung. Seine Schleimhaut im gesamten Verdauungstrakt kann schwer geschädigt sein, ebenso die Bauchspeicheldrüse.

Auch Vegetarier, Veganer und Personen, die sich einseitig ernähren (z.B. nur Fastfood essen oder diverse Diäten durchführen), können vom schleichenden Vitaminmangel betroffen sein.

Die bekanntesten Vitamin-Mangel-Krankheiten sind *Skorbut* (alte Seefahrerkrankheit) als Folge von Vitamin-C-Mangel und *Rachitis* - Vitamin-D-Mangel.

Eine Hypervitaminose - also eine Vitaminüberversorgung tritt zwar nur selten auf, doch bei den fettlöslichen Vitaminen (A, E, D, K) kann es gelegentlich zu Überdosierungen kommen, weil sie im Fettgewebe, meist in der Leber, gespeichert werden. Die wasserlöslichen Vitamine dagegen werden über die Nieren mit dem Urin rasch wieder ausgeschieden.

Da heute ein bestehender Vitaminmangel meist nicht allein durch die tägliche Nahrung kompensiert werden kann, wird eine Vitaminzufuhr von außen (Supplementierung) zu einem immer wichtigeren Faktor einer gesunden Lebensführung.

Vitamin-Mono-Präparate sind hauptsächlich zur Behebung von akuten Mängel gut geeignet.

Wer vorbeugend einen Beitrag für die eigene Gesundheit leisten möchte, dem seien Kombinations- bzw. die sog. Multivitaminpräparate empfohlen. Dabei ist nicht nur auf die richtige Dosierung zu achten, sondern auch, ob die Produkte frei von Allergie auslösenden Zusätzen und Konservierungsstoffen sind.

URSACHEN FÜR VITAMINMANGEL IM ÜBERBLICK

- Einseitige oder unzureichende Ernährung (z.B. bei Diäten oder vorwiegender Ernährung mit Fertiggerichten).
- Erhöhter Vitaminbedarf während Schwangerschaft und Stillzeit.
- Erhöhter Vitaminbedarf durch Alkoholmissbrauch, Rauchen oder Antibabypille.
- Erhöhter Vitaminbedarf von Säuglingen, Kindern und Jugendlichen während der Wachstumsphase.
- Erhöhter Vitaminbedarf bei körperlichem oder geistigem Stress.
- Krankheiten (z.B. schwere Infektionen, Magen-Darm- oder Krebs-Erkrankungen).
- Bestimmte Medikamente (z.B. Antibiotika), die die Aufnahme der Vitamine aus der Nahrung stören.
- Ein Vitaminmangel in den Lebensmitteln entsteht bei falscher oder zu langer Lagerung und bei industrieller Verarbeitung.

VITAMIN	WIRKUNGEN	VORKOMMEN	
A Retinol	Beeinflussung der Sehkraft und des Zellwachstums	Milchprodukte, Leber, Karotten	FETTLÖSLICHE VITAMINE
D Calciferol	Förderung der Calciumaufnahme	Milch, Hering, Eigelb	
E Tocopherol	dient der Zellerneuerung hemmt Entzündungen stärkt das Immunsystem	Pflanzliche Öle, Blattgemüse, Vollkornprodukte	
K1 Phyllochinon K2 Menachinon/ Farnochinon	Erforderlich für die Blutgerinnung	Eier, Leber, Grünkohl	
B1 Thiamin	wichtig für Schilddrüse, Zuckerstoffwechsel und Nerven	Schweinefleisch, Erbsen, Haferflocken	WASSERLÖSLICHE VITAMINE
B2 Riboflavin	gut für Haut und Nägel	Schweinefleisch grünes Blattgemüse, Vollkornprodukte	
B3 Niacin	wirksam gegen Migräne fördert die Merkfähigkeit blutzuckerregulierend	mageres Fleisch, Fisch, Hefe	
B5 Pantothensäure	fördert die Wundheilung, verbessert die Abwehrreaktion	Leber, Weizenkeime, Gemüse	
B6 Pyridoxin	schützt vor Nervenschädigung	Leber, Kiwi, Kartoffeln	
B7 Biotin	gut für Haut, Haare und Nägel schützt vor Hautentzündungen	Leber, Blumenkohl, durch Darmbakterien	
B9 Folsäure	verhindert Missbildungen bei Neugeborenen, gut für Haut	Leber, Weizenkeime, Kürbis	
B12 Cobalamin	bildet und regeneriert rote Blutkörperchen, appetitfördernd, wichtig für die Nerven	Leber, Fisch, Milch, Algen	
C Ascorbinsäure	Schutz vor Infektionen stärkt das Bindegewebe	Zitrusfrüchte, Kiwis, Sanddorn, Paprika	

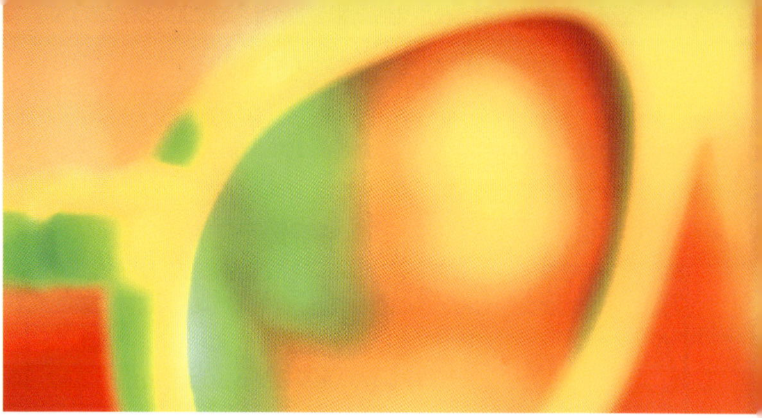

Vitamin A ist ein fettlösliches Vitamin, das sich in zwei Kategorien einteilen lässt: Vitamin A1 - wird auch *Retinol* genannt - und Vitamin A2 *Dehydroretinol*.

Vitamin A wird in der Leber gespeichert und versorgt von dort aus die Sehnerven, indem es mittels Eiweißpartikeln im Blut transportiert wird - daher auch die Bezeichnung „Augenvitamin".

Vitamin A wird entweder durch die Nahrung oder aus der Dünndarmwand mithilfe von Beta-Carotin aus Obst und Pflanzen (z.B. Gemüse) in den Körper aufgenommen.

VITAMIN A

Der Köper bildet aus Beta-Carotin (Provitamin A) das Vitamin A und speichert es unter anderem in der Haut - dadurch wird es zum natürlichen Sonnenschutz. Es gibt über 600 verschiedene Carotinoide.

Vitamin A ist wichtig für gesunde Haut, Augen, Wachstum und Knochenentwicklung. Neuere Studien aus Finnland und den USA zeigen, dass Beta-Carotin in isolierter Form bei einer täglichen Aufnahme von 20 mg bei starken Rauchern und Menschen mit Herz-Kreislauf-Erkrankungen Gesundheitsschäden verursachen kann.

Experten empfehlen Vitamin A bzw. Beta-Carotin nicht in isolierter Form, sondern mit anderen Vitaminen zusammen einzunehmen.

Vitamin A findet man besonders häufig in Leber bzw. Lebertran, Spinat, Zuckermelonen, Karotten, Milch und Milchprodukten. Um genügend Vitamin A aufzunehmen, sollte man ganz besonders auf die Frische der Lebensmittel achten.

Bei Diäten, die auf einem sehr geringen Eiweiß- und Fettanteil basieren, ist Vitamin-A-Mangel möglich.

Zu den Mangelerscheinungen gehören u.a.:

- Schäden an Schleimhäuten und an der Haut
- Verringerte Sehschärfe
- Nachtblindheit
- Verhornung der Sehzellen
- Infektanfälligkeit
- Störung des Knochenwachstums im Kindesalter

Vitamin A sollte nicht überdosiert werden. In der Schwangerschaft sprechen Sie vorher mit dem Arzt über eine genaue Dosierung, da eine Überdosis Vitamin A zur Schädigung des Embryos führen kann.

VITAMIN D

Vitamin D ist die Vorstufe (Provitamin) für eine Reihe von Hormonen, die den Calciumhaushalt wesentlich mitbestimmen. Der menschliche Körper kann dieses Provitamin selbst aus dem Cholesterin bilden. Voraussetzung dafür ist jedoch eine ausreichende Bestrahlung der Haut mit Sonnenlicht, was in der heutigen Zeit nicht ganz ohne Gefahren ist. Durch die Abnahme der Ozonschicht können ausgiebige Sonnenbäder u.U. die Entstehung von Hautkrebs fördern.

Die Vorstufen des Vitamins D3 werden über tierische Nahrung aufgenommen oder in der Haut gebildet. Begünstigt wird diese Aufnahme durch Nahrungsfette und Gallensäuren. Vitamin D3 bewirkt, dass Calcium aus den Knochen freigesetzt und im Darm vermehrt aufgenommen wird. Dadurch wird die Calciumkonzentration im Blut konstant gehalten.

Zu den Vitamin D-reichhaltigsten Nahrungsmitteln gehören Fisch, Eier, Milch, Butter und tierisches Gewebe.

***Wussten Sie, dass...* Eskimos eine ausgesprochen dunkle Hautfarbe aufweisen, obwohl sie am nördlichsten wohnen, wo die Sonneneinstrahlung am geringsten ist?! Eine Erklärung dafür ist, dass sie immer ausreichend Vitamin D über die Nahrung in Form von Lebertran und Fisch zu sich nehmen.**

Im Blut wird Vitamin D an ein Eiweiß gebunden und transportiert. In der Leber wird es in Vitamin-D-Calcidiol umgewandelt. Sinkt der Calciumspiegel im Blut, sorgt ein Hormon der Nebenschilddrüse dafür, dass Vitamin D in der Niere zu dem wesentlich aktiveren Vitamin D3 (Calcitriol) umgewandelt wird.

Erhöhter Vitamin-D-Bedarf entsteht in der Wachstumsphase (Rachitis-Gefahr), Schwangerschaft und Stillzeit, bei Mangelernährung, erhöhter Vitamin-Ausscheidung über die Nieren, bei Schilddrüsen- und Nebenschilddrüsen-Überfunktion, Einnahme von einigen Medikamenten, besonders Antiepileptika, bei Funktionsstörungen der Bauchspeicheldrüse, zu hohem Calciumspiegel im Blut, Osteoporose und Vergiftung mit dem toxischen Schwermetall Cadmium.

Personenen mit Osteoporose sollten regelmäßig auch präventiv für eine ausreichende Zufuhr von Vitamin D3 und Calcium sorgen.

Vitamin D ist zudem für unsere körperliche Abwehr wichtig, es kann die weißen Blutkörperchen gegen Infektionen aktivieren und Tuberkulose-Bakterien neutralisieren!

B-Vitamine entwickeln ihre beste Wirkung im Verbund (sog. B- Komplexe), weil sie sich gegenseitig in ihren Aufgaben ergänzen.

Zum Vitamin-B-Komplex werden gezählt Vitamin B1, Niacin (B3) Pantothensäure (B5), B6, Biotin, Folsäure, Vitamin B12, Cholin und Inositol.

B-Vitamine finden wir in Vollkornbrot, Schweineleber und Nüssen, aber auch in den Randschichten von Keimlingen, Getreide, Reis oder Zuckermelasse. Beim Verarbeiten der Lebensmittel gehen oftmals viele B-Vitamine verloren oder werden stark reduziert. Finden wir beispielsweise in 1 g Vollkornweizen noch 3,5 mg Vitamin B1 (Thiamin), weist das Weißmehl gerade mal kümmerliche 0,8 mg auf.

B-Vitamine sind an sämtlichen Stoffwechselprozessen beteiligt und beeinflussen zahlreiche Nervenfunktionen - daher die bekannte Bezeichnung „B-Vitamine als Nervennahrung“.

VITAMIN B1

Da unser Körper nur eine geringe Speicherkapazität besitzt, ist die tägliche Einnahme von Vitamin B 1 *(Thiamin)* unbedingt nötig.

B1 ist ein wichtiges Coenzym für die tägliche Energieproduktion. Es befindet sich in den Nervenzellen und nimmt an der Übermittlung von Nervenimpulsen im Gehirn und in den peripheren Nervenzellen teil (siehe Abbildung oben).

Mangelzustände durch zu hohen Alkoholkonsum, niedrige Zufuhrmengen aus der Nahrung, bedingt durch die modernen, industriell verarbeiteten Nahrungsmittel, zuviel Kaffee oder Tee, intensives körperliches Training und die Pille können schnell zum Vitamin-B1-Mangel führen.

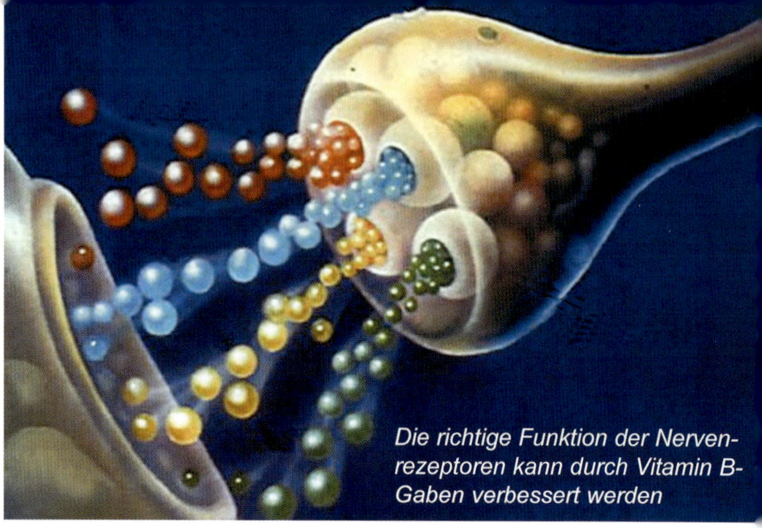

Die richtige Funktion der Nervenrezeptoren kann durch Vitamin B-Gaben verbessert werden

Wussten Sie, dass... **B-Vitamine das schädliche Cholesterin nachhaltig senken und bereits bestehende Kalkablagerungen in den Arterien abbauen können?! Voraussetzung ist, dass man B-Vitamine als Komplexmittel über einen längeren Zeitraum einnimmt.**

B-VITAMINE

Die Folgen eines Mangelzustandes können Sensibilitätsstörungen (z.B. Gefühllosigkeit in den Beinen), Lern- und Gedächtnisstörungen, Schlaflosigkeit, Reizbarkeit, Schwächezustände, Appetitlosigkeit und Verstopfung sein.

Vitamin B1 finden wir u.a. in Bierhefe, Schweinefleisch, Schinken, Hafermehl und Sonnenblumenkernen.

VITAMIN B2

auch *Riboflavin* genannt, ist für die Energieproduktion von großer Wichtigkeit, da es Kohlehydrate und Fette abbaut, damit diese dann als Zellenergie genutzt werden können.

Vitamin B2 hilft der Leber bei der Entgiftung von Chemikalien, Pestiziden und anderen Umweltgiften. Ferner hat es einen positiven Einfluss auf die Haut und Schleimhäute, senkt das Risiko an grauem Star zu erkranken und kann bei Migräne lindernd wirken.

Vitamin B2 wird benötigt für das Wachstum und die Versorgung der Körper-Gewebe. Es ist auch für die Aktivierung von Vitamin B6 und für die Umwandlung der Aminosäure Tryptophan in Niacin (Vitamin B3) wichtig.

In den Nahrungsmitteln wie Kalbsleber, Champignons, Bierhefe, Spinat, Joghurt finden wir Vitamin B2.

Beim Vitamin B2 gibt es keinerlei Hinweise über toxische Reaktionen außer einer harmlosen Gelbfärbung des Urins.

Ein isolierter Vitamin-B2-Mangel ist selten, es liegt fast immer ein allgemeiner B-Vitamine-Mangel vor.

VITAMIN B3

Vitamin B3 kommt in der Natur in zwei Formen vor: *Nicotinamid (Niacinamid)* tierischen Ursprungs und *Nicotinsäure* pflanzlichen Ursprungs. Beide Formen können vom Körper in die metabolisch aktive Form *Niacin* verwandelt werden.

Niacin ist am Eiweiß-, Fett- und Kohlenhydratstoffwechsel beteiligt. In Form der Coenzyme NAD/NADP und ihren reduzierten Formen NADH/NADPH, der sog. Reduktionsäquivalente, ist *Niacin* z.B. am Citratzyklus und der Atmungskette beteiligt. Es hat eine antioxidative Wirkung und nimmt an vielen enzymatischen Vorgängen teil. *Niacin* ist wichtig für die Regeneration der Haut, Muskeln, Nerven und DNA.

Niacin mit Chrom ist für den Glucosetoleranzfaktor GTF verantwortlich, der zusammen mit Insulin den Blutzuckerspiegel reguliert

Niacinamid und *Folsäure* helfen allergische Reaktionen zu lindern, z.B. bei einer Sonnenallergie.

Vitamin B3 ist ein exzellenter Cholesterinsenker. Unter *Niacin* wird das LDL-Cholesterin gesenkt und das HDL-Cholesterin erhöht.

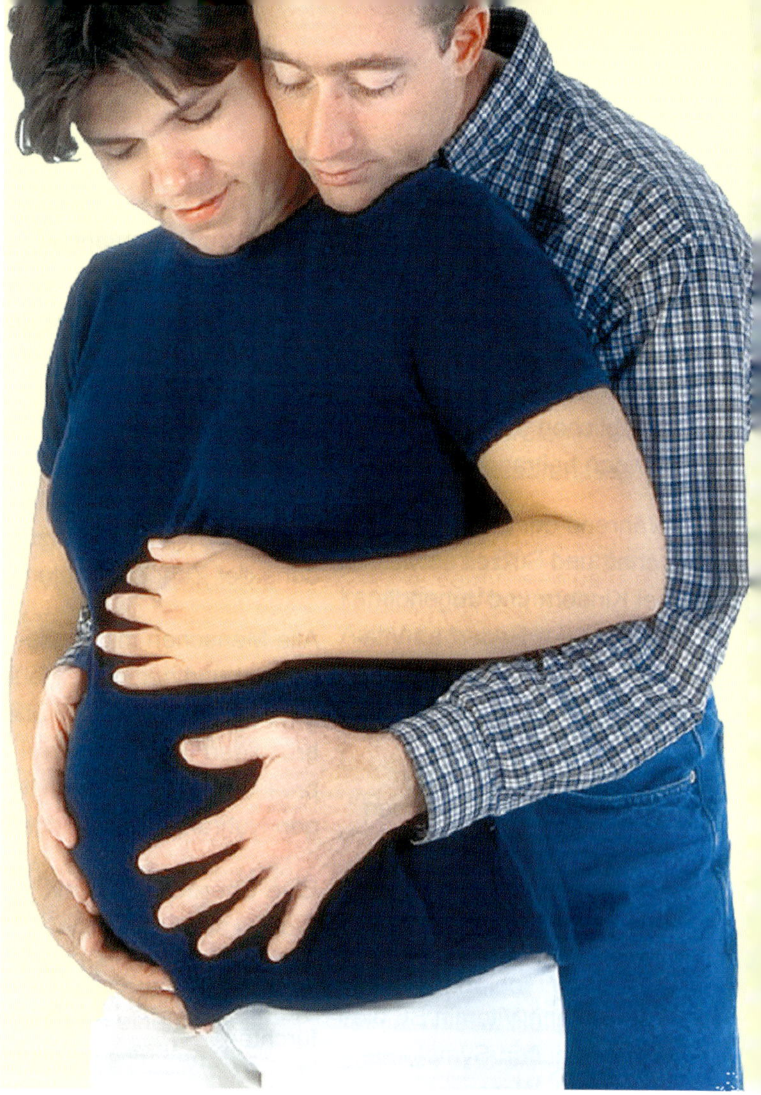

Folsäure spielt eine zentrale Rolle bei der Senkung des Homocysteinspiegels im Blut und im Gewebe. Homocystein ist ein Risikofaktor für Herzinfarkt, Schlaganfall und periphere Gefäßkrankheiten (Arteriosklerose). Den besten Schutz bieten in solchen Fällen Supplemente mit Folsäure, Vitamin B6 und B12.

Der Zusatz von Folsäure mit 0,4 mg pro Tag in der Zeit der Eibefruchtung und in den ersten Wochen der Schwangerschaft kann die Gefahr von gravierenden Missbildungen herabsetzen (besonders Fehlentwicklungen am Rückenmark).

Depression, Reizbarkeit und Konzentrationsschwäche können durch Folsäure-Gaben gebessert werden.

Bei gleichzeitiger Verabreichung von Folsäure und Vitamin B12 kann die Zahl der Krebszellen in der Lunge von Rauchern gesenkt und somit das Krebsrisiko minimiert werden.

Zu den reichhaltigsten Folsäure-Lieferanten gehören Weizenkeime, rote Bohnen, Spinat, Kalbsleber und Brokkoli.

VITAMIN B12

Vitamin B12, auch *Cobalamin* genannt, gehört zur Gruppe der wasserlöslichen B-Vitamine. Es ist eine biologisch hochwirksame Verbindung mit einer äußerst komplizierten chemischen Struktur.

Vitamin B12 ist zur Umwandlung von Homocystein zu Methionin und Folsäure in ihre aktive Form notwendig. Als Coenzym erfüllt *Cobalamin* wichtige Aufgaben im Fettstoffwechsel.

Vitamin B12 kommt vor allem in tierischen Lebensmitteln vor.

Wussten Sie, dass...
bereits nach zweiminutigem Kochen von Milch bis zu 30% des Vitamin-B12-Gehaltes verloren geht?!

Vitamin B12 wird im Dünndarm aufgenommen, wozu ein spezielles Eiweiß notwendig ist, der *Intrinsic-Faktor*. Vom Darm aus wird Vitamin B12 ins Blut transportiert.

Nach Magen-Operationen, wenn das Magen-Enzym *Intrinsic Factor* nicht mehr produziert wird, ist ein Vitamin-B12-Mangel vorprogrammiert.

Bei einem Mangel an Vitamin B12 kann es zur Perniziösen Anämie, einer Erkrankung des Blutbildes, kommen.

Appetit und Leistungsfähigkeit können mit Vitamin-B12-Supplementen gesteigert werden. Daher ist Vitamin B12 für Personen in der Rekonvaleszenz, nach langer Krankheit oder überstandener Operation von großer Bedeutung.

Vitamin B12 kann bei Rauchern das Risiko an Lungen-Krebs zu erkranken, deutlich minimieren.

Vitamin B12 zeigt positive Wirkung bei Schmerzen, Neuralgien und Gürtelrose (Herpes Zoster) und ist eine ausgezeichnete „Nervennahrung".

Bei Lebensmittelallergien, Neurodermitis und Asthma vermögen Vitamin-B12-Supplemente diese Symptome zu reduzieren.

Pflanzliche Lebensmittel enthalten kein Vitamin B12, weshalb Veganer mit schweren Folgen eines Vitamin B12-Mangels rechnen müssen.

Vitamin B12 ist Hitze empfindlich, so dass bedeutende Mengen bei der Zubereitung von Speisen verloren gehen.

PABA

Die *p-Aminobenzoensäure* - auch „Schönheitsvitamin" genannt - ist ein struktureller Bestandteil der Folsäure und gehört der Vitamin-B-Gruppe an. Es handelt sich dabei um ein Antioxidans, das gefährliche Sauerstoffradikale neutralisiert, den Körper vor Sonneneinstrahlung schützt und Hautkrebs vorbeugt. Ferner kann PABA das vorzeitige Ergrauen der Haare stoppen, die Geschmeidigkeit der Gelenke verbessern und Entzündungen hemmen.

INOSITOL

Inositol wird zu dem Vitamin-B-Komplex gezählt. Besonders hoch konzentriert ist es im Gehirn, in den Nieren, Leber, Milz und in den Hoden vorhanden. Bei einem Mangel an Inositol können Wachstumsstörungen, Haarausfall und Leberverfettung entstehen. Zur Therapie von Depressionen und Angstzuständen kann Inositol nach Absprache mit dem Therapeuten in hohen Dosen eingenommen werden.

Vitamin C ist eines der wichtigsten wasserlöslichen Antioxidantien und somit ein starker Radikalfänger, der uns vor Umweltschäden, UV-Strahlung, körpereigenen Giftstoffen und sogar Krebs schützen kann.

Vitamin C wehrt Krankheiten ab, da es aktiv zahlreiche Immunvorgänge im Kampf gegen Viren und Bakterien steuert. Durch den Einfluss auf die Antikörperproduktion ist der positive Effekt nicht nur bei Grippe und Erkältungen, sondern bei fast allen bakteriellen und viralen Infekten erkennbar.

Vitamin C hilft bei Entzündungen der Haut, Allergien (insbesondere Heuschnupfen), schlecht heilenden Wunden (z.B. nach Verbrennungen, Verletzungen und Operationen) sowie bei Parodontose.

Bei Diabetikern verhindert es die „Verzuckerung“ von Zellen und beugt so Folgekomplikationen vor.

In der Krebstherapie können oft hohe Vitamin-C-Dosen die Metastasierung stoppen.

Mit Hilfe von Vitamin C kann Arteriosklerose vorgebeugt werden, da es die Innenwände der Blutgefäße glättet, so dass daran kein Cholesterin anhaften kann.

Vitamin C stimuliert außerdem das Enzymsystem der Leber und beschleunigt die Ausscheidung toxischer Umweltgifte. Unter Einwirkung von Vitamin C werden einige Wirkstoffe von Medikamenten schneller abgebaut.

Alle Primaten, auch der Mensch sowie das Meerschweinchen, sind von äußeren Quellen abhängig, um ihren Vitamin-C-Bedarf decken zu können. Einige Tiere synthetisieren Vitamin C selbst.

Vitamin C kommt hauptsächlich in frischem, ungespritztem Obst und Gemüse vor, insbesondere in Paprika, Kartoffeln, Zitrusfrüchten und Beerenobst.

VITAMIN C

Am Vitamin-C-haltigsten ist Sanddorn: In 100 g Sanddorn finden sich bis zu 450 mg dieses Vitamins.

Fleisch und Fisch enthalten wenig Vitamin C, höchstens in Form von Innereien wie Leber und Nieren.

Da Vitamin C besonders licht-, hitze- und sauerstoffempfindlich ist, sollte eine zu lange Lagerungs- und Garzeit vermieden werden.

Der tägliche Bedarf von Vitamin C wird heute zunehmend kontrovers diskutiert. Nur wer ohne Stress lebt, sich regelmäßig von Obst und Gemüse ernährt, Umweltgifte, das Rauchen und Süßes meidet, ist ausreichend mit Vitamin C versorgt.

Wer auf Nummer sicher gehen will, der nimmt ausgewogene Vitamin-C-Supplemente ein.

Um die von der *Deutschen Gesellschaft für Ernährung* empfohlenen 100 mg Vitamin C amTag zuzuführen, sind bestimmte Mengen von Früchten und Gemüse erforderlich (siehe Tabelle rechts).

US-Biochemiker gehen einen Schritt weiter und empfehlen z. Z. folgende Mengen Vitamin C pro Tag:

- 200 bis 250 mg für Säuglinge
- bis 375 mg für Kinder
- 500 mg bis 1.000 mg für Erwachsene

Der Vater der Orthomolekularen Medizin und zweifacher Nobelpreisträger *Linus Pauling* empfahl sogar Tagesmengen Vitamin C von 1 g bis 30 g!

Eine andere Form des Vitamin C stellen die sog. *Ascorbate* dar.

In Calcium-Ascorbat ist die Ascorbinsäure an den Mineralstoff Calcium gebunden, in Magnesium-Ascorbat an das Magnesium u.s.w. Dadurch wird die Ascorbinsäure gepuffert und verträglicher gemacht - es kommt nicht zu dem Gefühl von Übersäuerung im Magen.

Sowohl die Ascorbate wie auch die Ascorbinsäure werden von unserem Körper verwertet.

Um 100 mg Vitamin C am Tag zuzuführen, sind folgende Mengen von frisch geernteten Lebensmitteln notwendig:

Lebensmittel	Menge	Energie
Erdbeere	154 g	49.3 kcal
Kiwi	141 g	85.8 kcal
Orange	200 g	94.2 kcal
Broccoli	164 g	37.9 kcal
Kohlrabi	156 g	38.5 kcal
Paprika rot	71 g	26.3 kcal

Quelle: Universität Hohenheim Institut für Biol. Chemie und Ernährungswissenschaft

VERGLEICH: ASCORBINSÄURE UND ESTER C

Ester C wird immer noch als ein wichtiger Durchbruch in der Vitamin C-Forschung bezeichnet. Diese patentierte Vitamin-C-Form ist eine Mischung aus Calcium-Ascorbat und Metaboliten. Hierzu gehören u.a. Aldonsäuren und Polyascorbat.

Metaboliten entstehen im menschlichen Körper u.a. während der „Verbrennung" von Ascorbinsäure und erhöhen ihre biologische Verfügbarkeit um ein Vielfaches.

Polyascorbate sind fettlöslich. Somit wird auch das Gewebe, das nur für fettlösliche Stoffe erreichbar ist, ausreichend mit Vitamin C versorgt.

Jonathan Wright M.D. hat als erster Ester C untersucht. Er entdeckte, dass bei der Ester C im Vergleich zum normalen Ascorbat:

• die Aufnahme im Blut doppelt so hoch ist

• die Aufnahme in den weißen Blutkörperchen (Leukozyten) viermal so hoch ist

• die Ausscheidung im Urin fünfmal geringer ist

• die Oxalatausscheidung im Urin viermal niedriger ist

Die verbesserte Aufnahme von Ester C und die niedrigere Ausscheidung verursachen bereits nach 24 Stunden einen zweimal so hohen Serumascorbatwert als bei der Einnahme reiner Ascorbinsäure!

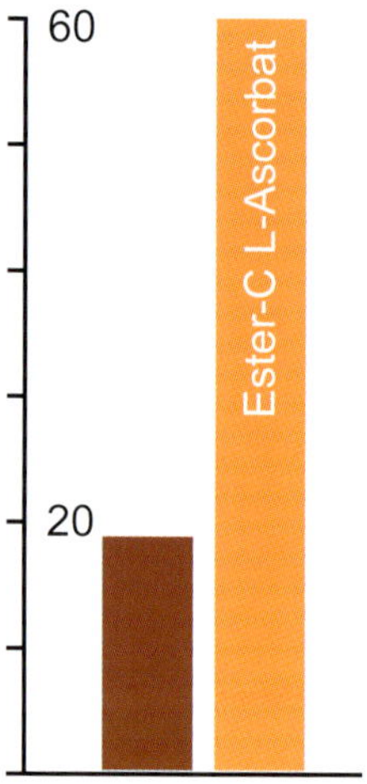

Zunahme des Serumascorbatspiegels innerhalb von 24 Stunden nach Einnahme von Ester C in mg%

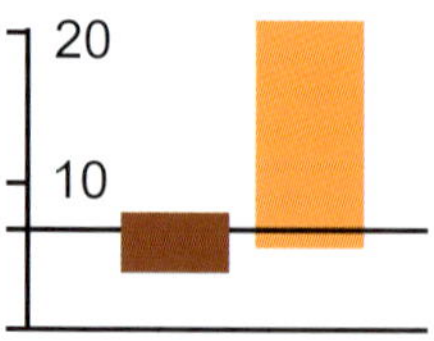

Zunahme des Serumascorbatspiegels in den Leukozyten innerhalb von 24 Stunden nach Einnahme von Ester C in mg%

AUFGABEN VON VITAMIN C IM ÜBERBLICK

- Immunmodulation
- Stressbewältigung
- Verbesserung der Schlafbereitschaft
- Nervenstärkung
- Verbesserung der Konzentrationsfähigkeit
- Verbesserung der Stimmungslage
- Positiver Einfluss auf den Calciumstoffwechsel
- Stabilisierung der Blutgefäßwände
- Bindegewebsstraffung
- Zahnfleischschutz
- Fettverwertung

und vieles mehr

Tagesbedarf nicht auf einmal eingenommen wird, weil dann der momentane Überschuss wieder ausgeschieden wird. Es ist besser die Vitamin-C-Zufuhr auf zwei- bis dreimal am Tag zu verteilen.

WICHTIG!
Durch Hitze, Licht und Sauerstoff entstehen die größten Vitaminverluste.

In Blattgemüse setzt unmittelbar nach der Ernte ein enzymatischer Abbau durch Peroxidasen ein, der z.B. bei Konservierung durch Blanchieren verhindert werden kann.

Außerdem ist es wichtig zu wissen, dass der Vitamin-C-Gehalt der Kuhmilch

Eine Sonderform ist das fettlösliche Vitamin C *(Palmitat)*. Dieses ist wasser- und fettlöslich, und gegenüber reiner Ascorbinsäure ist es deutlich wirkungsvoller. Es schützt die Zellmembrane besser vor dem Alterungsprozess durch Freie Radikale.

***Wussten Sie, dass...* jede Zigarette im Körper ca. 30 mg Vitamin C vernichtet und bei Stresssituationen - behaftet mit starken Gefühlen von Angst oder Aggression - der Verbrauch an Vitamin C innerhalb von wenigen Minuten auf bis zu 300 mg ansteigt?!**

Überschüsse an Vitamin C werden über die Niere ausgeschieden. Deshalb ist eine erhöhte Zufuhr meistens unproblematisch. Dabei sollte man darauf achten, dass der gesamte

Säuglinge nicht vor einer Vitamin-C-Mangelerkrankung schützen kann.

Toxische Effekte von Vitamin C sind bis heute nicht bekannt.

VITAMIN E

Seit 1968 ist Vitamin E als essentieller Mikronährstoff bekannt. Es kann nur von Pflanzen synthetisiert werden, Menschen und Tiere nehmen es mit der Nahrung auf.

Von dem mit der Nahrung aufgenommenen Vitamin E werden etwa 30 % im Dünndarm aufgenommen, der Rest wird wieder ausgeschieden.

Vitamin E ist ein wichtiges Antioxidans, da es die Zellen vor der Oxidation schützt. Der Oxidationsvorgang kann auch bei Nahrungsmitteln beobachtet werden, z.B. bei ranzig werden der Butter oder anderen Produkten. Die Freien Radikale entstehen z.B. durch Stoffwechselvorgänge, Umweltgifte, UV-Strahlung und Zigarettenrauch (mehr im Kapitel „Freie Radikale").

Ein absoluter Vitamin-E-Mangel tritt selten auf, da dieses Vitamin in vielen Nahrungsmitteln enthalten ist. Sollte dennoch zu wenig davon aufgenommen werden, gehen zuerst die Reserven verloren, die im Körperfett gespeichert wurden. In der Folge kann es zu Konzentrationsmangel und Muskelschwäche kommen. Das Immunsystem wird geschwächt und der Betroffene erkältet sich leichter.

Fehlt Vitamin E, kann der Verlauf von Krankheiten wie Krebs, Rheuma, Diabetes, Arteriosklerose und Schlaganfall mit mehr Komplikationen verbunden sein.

Ein relativer Mangel an Vitamin E kann zur Zerstörung der roten Blutkörperchen führen. Zum anderen können Personen, die nicht genügend Vitamin E über den Magen-Darmtrakt aufnehmen, neurologische Symptome entwickeln. Auch eine verminderte Funktionsfähigkeit der Bauchspeicheldrüse und des Gallensystems kann sich dabei einstellen.

Verschiedene Studien zeigen einen Zusammenhang zwischen einem niedrigen Vitamin-E-Spiegel im Blut (besonders, wenn gleichzeitig ein niedriger Selenspiegel vorliegt) und einem erhöhten Risiko, an verschiedenen Krebsarten zu erkranken. Die Rolle von Vitamin E als krebsverhindernde Substanz beruht auf seiner Fähigkeit, die Körperzellen gegen die oxidative Zerstörung durch Freie Radikale zu schützen. Gleichzeitig verhindert Vitamin E die Bildung von Nitrosaminen.

Es gibt starke Hinweise, dass Vitamin E in höheren Dosierungen (400 - 600 mg/Tag) vor Herzerkrankungen schützen kann. Gerade in letzter Zeit wird diskutiert, ob Vitamin E in den oben angegebenen Dosierungen herzkranke Patienten verbessert schützen kann. Dies legt zumindest eine wissenschaftliche Auswertung einer in England durchgeführten Studie mit 2002 Patienten nahe.

Menschen, die großen Belastungen oder Stress ausgesetzt sind, Herzkranke, Raucher und Immungeschwächte weisen grundsätzlich einen erhöhten Bedarf an Vitamin E auf.

TOCOPHEROLE

Tocopherole stellen eine Gruppe von fettlöslichen Substanzen dar, die unter dem Namen Vitamin E zusammengefasst werden und hauptsächlich als Antioxidantien wirken.

Unter den acht Tocopherolen Alpha, Beta, Gamma, Delta, Epsilon, Zeta, Eta und Theta weist das Alpha-Tocopherol die höchste Aktivität auf.

Natürliche Tocopherole werden doppelt so gut aufgenommen wie synthetische. Die Letzteren tragen die Bezeichnung „DL“ im Gegensatz zu natürlichen Tocopherolen, die mit „D“ oder „RRR“ gekennzeichnet werden (z. B. D-Alpha-Tocopherol).

100% *D-alpha-Tocopherol* entsprechen:

25-50% *Beta-Tocopherol*

10-35% *Gamma-Tocopherol*

30% *Alpha-Tocotrienol*

Alle Tocopherole unterstützen sich gegenseitig in ihrer Wirkung auf den Körper.

Milligramm oder I.E.?

Zur Charakterisierung des aktiven Vitamingehaltes wird oft der Begriff der internationalen Einheiten (I.E.) verwendet. Für 1 Milligramm (1 mg) *D-alpha-Tocopherol* beträgt der I.E.-Wert 1,49.

Heute wird auch zunehmend anstatt des I.E.-Wertes der USP-Wert (USP = United States Pharmacopaeia) angegeben. Dabei entspricht der USP-Wert exakt dem I.E.-Wert.

Mineralstoffe sind anorganische Bestandteile der Nahrung, die der Körper nicht selbst bilden kann. Daher gehören Mineralstoffe zu den essentiellen (lebensnotwendigen) Inhalten aller lebenden Zellen und sind wesentlich am gesamten Stoffwechsel beteiligt.

MINERALSTOFFE

Der Anteil an Mineralstoffen im menschlichen Körper beträgt etwa 4 % des Körpergewichts.

CALCIUM

Ohne Calcium könnte kein Muskel funktionieren. Calcium wird für die Gesundheit von Knochen und Zähnen benötigt. Es beeinflusst die Blutgerinnung, reguliert u.a. den Herzschlag und die Funktion der Nebenschilddrüse, es stimuliert Muskeln und Nerven und unterstützt die Funktion von Vitamin D.

Der menschliche Körper enthält ca. 15 Gramm Calcium pro kg Körpergewicht (ohne Fettanteil). Davon befinden sich 90 % in den Knochen und Zähnen. Weitere 5 % sind eiweißgebunden.

Personen mit einem erhöhten Bedarf an Calcium:

- Säuglinge, Kinder, Jugendliche (Calcium wird für das Knochenwachstum benötigt)
- Schwangere (das ungeborene Kind braucht Calcium für das Knochenwachstum)
- Stillende: 1L Muttermilch enthält 330 mg Calcium
- Ältere Menschen, insbesondere Frauen

Professor Dr. Leo Lutwak von der medizinischen Fakultät der Universität von Kalifornien ist der Meinung, dass 30 % aller Frauen über 55 Jahre und 30 % aller Männer über 60 Jahre einen Calcium-Mangel aufweisen und aus diesem Grunde leichter zu Knochenbrüchen neigen.

MINERALSTOFF	TAGESBEDARF	WIRKUNGEN	VORKOMMEN	
Calcium	800 - 1200 mg	Knochenaufbau, Regulierung der Nervenreizleistung	Milchprodukte, Sojabohnen	Mineralstoffe
Kalium	2 g - 4 g	Wasserhaushalt-Regulierung Einfluss auf Nervenreizleitung	Sojamehl, Linsen, Bananen, Spinat	
Magnesium	350 - 1000 mg	Knochen- und Zahnaufbau Beteiligung am Energie-Stoffwechsel	Sojamehl, Gerste Reis, Weizenkleie Schokolade	
Phosphor	700 mg	Knochen- und Zahnaufbau Erhaltung des Säure-Basen-Haushaltes	Fleisch, Fisch, Brot, Käse	
Schwefel		wichtig für Haut, Haare und Nägel	Fisch, Fleisch, Soja getrocknete Bohnen, Meerrettich, Kohl	
Bor	1 - 10 mg	Bildung von Hormonen, aktiviert den Hirnstoffwechsel	Soja, Pflaumen, Rotwein, Rosinen	Spurenelemente
Chrom	50 - 200 µg	Unterstützung des Zuckerstoffwechsels	Schweinefleisch, Vollkornbrot	
Eisen	10 - 15 mg	Hämoglobinbildung	Austern, Sojamehl, Leber, Linsen	
Fluor	0,1 - 4 mg	Knochen- und Zähneaufbau	Meeresfische, Fleisch, Eier, Schwarztee	
Jod	150 - 200 µg	Wichtig für die Bildung der Schilddrüsenhormone	Krustentiere, Garnele, Fische, Miesmuschel	
Kupfer	1,5 - 3 mg	Wirkt gegen Entzündungen und gegen Blutarmut	Leber, Portwein, Austern, Linsen	
Mangan	2 - 5 mg	Antioxidative Wirkung	Vollkornprodukte	
Molybdän	75 - 250 µg	Wichtig für den Eisentransport	Sojamehl, Rotkohl	
Selen	20 - 100 µg	Antioxidative Wirkung	Hering, Thunfisch	
Vanadium	15 - 22 mg	Knochenmineralisierung	pflanzliche Öle	
Zink	12 - 15 mg	Wichtig für Haare und Abwehr	Leber, Austern, Fleisch	

In Zeiten mangelhafter Calciumzufuhr bedient sich der Körper aus dem im Knochengewebe gespeicherten Calcium, um die für die anderen Funktionen wichtige Calciumkonzentration im Blut zu gewährleisten. Wird viel Calcium aus dem Knochen herausgelöst, nimmt die Festigkeit ab und er wird leichter brüchig. Eine calciumreiche Ernährung in allen Altersstufen wirkt diesem Knochenschwund (Osteoporose) entgegen.

Weitere Symptome sind Muskelkrämpfe und Herzprobleme mit Bluthochdruck. Häufig ist ein Mangel an Calcium die Folge einer zu geringen Versorgung mit Vitamin D.

Kurzfristige, hohe Dosen Calcium können Muskelzuckungen beseitigen und die Symptome einer Allergie (z.B. Hautausschlag bei einer Nahrungsmittelunverträglichkeit) lindern.

Milch und Milchprodukte sind zwar reichhaltige Calcium-Lieferanten, doch nach den neuesten Erkenntnissen reicht Milch allein nicht aus, um der Osteoporose vorzubeugen. Bei zu viel Milchkonsum wird Calcium sogar vermehrt aus dem Körper ausgeschwemmt.

Calcium ist nicht nur für die Knochen und Zähne unentbehrlich, sondern auch für die normalen Nervenfunktionen.

Von den pflanzlichen Lebensmitteln sind Bohnen, Grünkohl und Rucola relativ gute Calciumlieferanten.

Lebensmittel mit hohem Calciumgehalt

Folgende Nahrungsmittel-Mengen werden benötigt, um 100 mg Calcium zu liefern:

Mandeln - 42 g

Paranüsse - 59 g

Tofu (mit Calciumsulfat gefällt) - 20 g

Sojabohnen gekocht - 144 g

Hafermehl - 192 g

Vollkornbrot - 185 g

Sesamsamen Tahin (Sesammus) - 15 g

Sonnenblumenkerne - 91 g

Schwarze Melasse - 20 g

Feigen, getrocknet - 40 g

Petersilie - 50 g

Brunnenkresse - 59 g

Spinat, gekocht - 63 g

Chinakohl - 65 g

Einige Krankheiten oder die Einnahme von zu viel Vitamin-D-Präparaten können zu einer Calcium-Überversorgung führen.

Bei einer langfristigen Einnahme hoher Dosen Calcium kann es zum Magnesiummangel (Folge: Wadenkrämpfe) oder Kaliummangel (Folge: Herzrasen) kommen. Deshalb sollte Calcium am besten zusammen mit anderen Mineralstoffen eingenommen werden, da sich die einzelnen Mineralstoffe sehr gut ergänzen.

In der Kombination Calcium und Magnesium sollte man auf das optimale Verhältnis 2:1 achten, damit es bei einem Überschuss eines Minerals nicht zur verminderten Aufnahme des anderen kommt.

Von den verschiedenen Calciumformen werden Calcium-Carbonat und -Citrat besonders gut resorbiert. Als Nahrungsergänzungsmittel zur Unterstützung der Ca-Aufnahme sind Kombinationen von Calcium-Citrat, Vitamin D, Kalium, Magnesium, Kupfer und Mangan besonders empfehlenswert.

Die Calciumaufnahmefähigkeit des menschlichen Körpers nimmt mit zunehmenden Alter ab. Veränderungen des Hormonhaushaltes sowie eine altersbedingte verringerte Magensäureproduktion sind dafür verantwortlich.

Betaine - ein pepsinhaltiges Enzympräparat kann die Calciumaufnahme in den Körper unterstützen. Bauchspeichelenzyme unterstützen außerdem die Verdauung und verbessern erheblich die Calciumaufnahme im Darm.

Die Zufuhr von den Darm nützlichen Bakterien (z.B. *Lactobacillus Acidophillus*) verbessert den Säurewert des Darmtrakts und fördert so-mit zusätzlich die Calciumaufnahme im Organismus.

Ebenfalls der Quellstoff Oligofructose fördert die Calciumaufnahme.

KALIUM

Der menschliche Körper enthält ca. 170 g Kalium. Im Gegensatz zu Natrium und Chlorid befindet sich Kalium fast ausschließlich im Innern der Zellen.

Kalium reguliert den Blutdruck und den Herzschlag und ist verantwortlich für die Erregbarkeit der Muskeln und Nerven sowie für die Übermittlung von Nervenimpulsen.

Zusammen mit Natrium und Chlor steuert es den Wasser- und Elektrolythaushalt.

Kalium übernimmt wichtige Funktionen im Energiestoffwechsel, z.B. unterstützt es zahlreiche Transportvorgänge wie die Einschleusung von Nahrungsbestandteilen in die Zellen.

Zu einem Kaliummangel kann es nach größeren Flüssigkeitsverlusten kommen, z.B. durch lang andauernde Durchfallerkrankungen, Erbrechen oder längere Einnahme von Entwässerungs- und Abführmitteln.

Kaliummangel führt zu Muskelschwäche und Störungen der Herztätigkeit (Herzstolpern), Krämpfen der Beinmuskulatur während körperlicher Aktivität, Erschöpfung, Kopfschmerzen, Übelkeit und Kreislaufschwäche.

Zu den kaliumreichsten Nahrungsmitteln zählen alle grünen Blattgemüsesorten, Weizenkeime, Zitrusfrüchte, Bohnen, Linsen, Nüsse, Datteln und alle Früchte, insbesondere Bananen und Trockenobst.

MAGNESIUM

Der Mineralstoff Magnesium befindet sich in fast allen Zellen des Körpers. Man findet es überall dort, wo auch Kalium benötigt wird.

Ohne Magnesium können Nerven, Muskeln oder das Herz nicht richtig funktionieren.

Der menschliche Körper enthält ca. 30 g Magnesium. 50 - 60 % davon ist in Knochen und Zähnen enthalten. Der übrige Anteil steuert viele Reaktionen, besonders die Energiegewinnung. Außerdem ist Magnesium an der Reizübertragung von den Nerven auf die Muskeln beteiligt.

Die Magnesiumaufnahme wird stark beeinträchtigt durch fett- und calciumreiche Nahrung und einen Vitamin-B1- oder B6-Mangel.

Leistungssportler und Menschen, die einer anstrengenden körperlichen Tätigkeit nachgehen, haben einen erhöhten Bedarf an Magnesium, da mit dem Schweiß auch beachtliche Mengen dieses Mineralstoffs verloren gehen und ergänzt werden müssen.

Ein erhöhter Bedarf an Magnesium entsteht auch durch Abführ- und Entwässerungsmittel, Durchfall sowie durch Stress.

Bei einem Mangel an Magnesium entstehen vielfältige Störungen wie Wadenkrämpfe, Muskelzuckungen, schlechte Ausnutzung der Nahrung, Wachstumsstörungen und Verkalkung von Blutgefäßen, Nieren und Knorpel.

Die ungarische Forscherin Dr. Wilma Kuti berichtet, dass Magnesium bei den getesteten Personen die Widerstandskraft des Körpers erhöhte, Kreislaufstörungen, Schlaflosigkeit, Kopfschmerzen sowie Schweißausbrüche verhinderte.

Weitere ungarische Studien zeigen, dass eine Magnesiumzufuhr von täglich 1000 mg über einen Zeitraum von sechs Wochen, sowie die folgende Zugabe von 500 mg für weitere acht Wochen eine geringere Erkrankungsrate bei getesteten Arbeitern zur Folge hatte.

Magnesium ist besonders in Vollkornprodukten, Sesam, Soja und vielen Kräutern enthalten.

NATRIUM

Der menschliche Körper enthält ca. 70 g Natrium. Ein Drittel des Natriumbestandes ist in den Knochen gespeichert und kann bei Mangelzuständen wieder an das Blut abgegeben werden.

Natrium bestimmt Volumen und Druck der Blutflüssigkeit und regelt zusammen mit Kalium den Wasserhaushalt des Körpers.

Zusätzlich spielt Natrium eine Rolle bei der Übertragung von Nervenimpulsen und ist wichtig für den Säure-Basen-Haushalt.

Ein Mangel an Natrium, der z.B. durch lang anhaltenden Durchfall oder extremes Schwitzen auftreten kann, führt zu gefährlichen Wasserverlusten des Körpers sowie zu Störungen der Nieren- und Muskelfunktion. Wadenkrämpfe sind häufig das erste Anzeichen für einen Natriummangel (und nicht nur Magnesiummangel). Deshalb kann eine strikt salzarme Ernährung zu gravierenden Gesundheitsschäden führen.

Allerdings kann bei Menschen, die Natrium überempfindlich sind, durch zu viel Kochsalz der Blutdruck leicht steigen.

Da wir genug Natrium über die Nahrung (z.B. Kochsalz) bekommen, ist eine zusätzliche Zufuhr nicht notwendig.

PHOSPHOR

Ein Phosphor-Mangel tritt bei der üblichen Ernährung nicht auf, da Phosphor in allen Lebensmitteln vorhanden ist. Besonders phosphorreiche Lebensmittel sind Fleisch und Fisch, Brot und Käse. Zirka 80 % des körperlichen Phosphorgehaltes befindet sich in den Knochen und Zähnen. Die restlichen 20 % findet man in den Weichteilen.

Phosphor ist wichtig für den Aufbau von Knochen und Zähnen, zur Erhaltung des Säure-Basen-Haushaltes, für Energieproduktion, Nerven- und Muskelaktivität und für den ausgeglichenen Calciumhaushalt.

SCHWEFEL

Schwefel ist in jeder Zelle vorhanden. Besonders hohe Konzentrationen finden sich in der Haut, den Nägeln und den Haaren. Schwefel ist auch Bestandteil von Vitaminen, Hormonen und Aminosäuren (Cystein, Cystin, Methionin).

Schwefel bindet Schwermetalle, die dann über die Niere ausgeschieden werden können.

Schwefel finden wir in Fisch, Fleisch, Soja, getrockneten Bohnen, Kohl, Meerrettich, Knoblauch und Zwiebeln.

Eine besondere Schwefelform ist MSM (siehe „Andere Substanzen“ Seite 94).

SPURENELEMENTE

Spurenelemente - wie der Name bereits verrät- sind im Körper nur in ganz geringen Mengen vorhanden. Und dennoch erfüllen die meisten von ihnen wichtige Funktionen im Organismus. Ein Mangel an bestimmten Spurenelementen kann sogar zu lebensbedrohlichen Erkrankungen führen.

BOR

Bei Menschen die zu Hautallergien, Ekzemen, Akne und Darmentzündung neigen, kann ein Bormangel vorliegen.

Bor wird heute als essentielles Spurenelement angesehen, da es für die Bildung zahlreicher Hormone und für den Gehirnstoffwechsel wichtig ist.

In jüngster Zeit wird diskutiert, ob Bor eine Rolle in der Verhütung und Behandlung von Osteoporose einnimmt. Forschungsarbeiten zeigen, dass Frauen mit Osteoporose, die Bor supplementieren, bessere Blut- und Hormonwerte aufweisen.

Die Borsäure kommt in einigen Wasserdampfausströmungen in der Toskana vor. Das Natriumsalz der Borsäure, *Borax*, findet sich in sehr reichen Lagern Kaliforniens als Colemanit und Natroborocalcim. Die dortigen Boraxseen - z. B. der Searles-See - sind bekannte Bor-Lieferanten.

CHROM

Bei Chrom denken die meisten an Zierleisten, Radkappen, Stoßstangen und weniger an das Spurenelement Chrom.

Seine wichtigste Rolle im menschlichen Körper erklärt sich durch den positiven Einfluss auf den Blutzucker- und Fettstoffwechsel. Bei Menschen mit niedrigem oder zu hohem Blutzucker fehlt häufig Chrom.

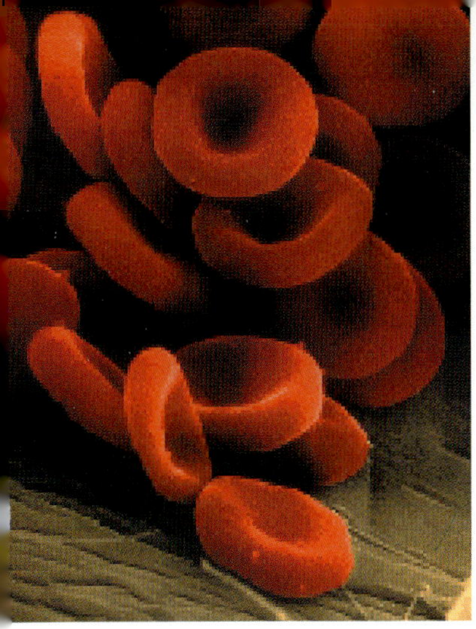

Ein optimaler Chromspiegel verhindert außerdem Arteriosklerose und die damit verbundenen Herzerkrankungen.

Chrom scheint auch für die Gewichtsreduktion eine Rolle zu Spielen. Studien zeigen, dass Chrom den Stoffwechsel in den Muskelzellen erhöht und damit die Fettverbrennung steigert.

Chrom findet man in Bierhefe, Kartoffeln, Käse, Melasse, Fleisch, Eiern und Vollwertgetreide.

Dreiwertiges Chrom wird kaum vom Körper aufgenommen (resorbiert), überschüssiges Chrom wird daher vom Körper ausgeschieden und ist nicht giftig. Das sechswertige Chrom wird hingegen besser resorbiert und ist daher für den Menschen als giftig einzustufen.

Sechswertiges Chrom ist z.B. in Zement enthalten und kann bei entsprechend exponierten Personen Allergien, Vergiftungserscheinungen oder Krebs auslösen. Ferner sind sechswertige Chromverbindungen in Holzschutzmitteln und Insektiziden zu finden. Häufig sind auch die druckimprägnierten Hölzer im Garten mit Chromsalzen belastet.

EISEN

Eisen ist ein wichtiger Bestandteil des roten Blutfarbstoffs Hämoglobin und wichtiger Enzymgruppen. Je nach Bedarf kann Eisen im Dünndarm aufgenommen und ausgeschieden werden. Außer im Blut wird Eisen als *Ferrin* in der Leber, Milz oder im Knochenmark gespeichert.

Eisenmangelanämien entwickeln sich oft recht langsam und schleichend. Bei einer Blutarmut tragen die roten Blutkörperchen zu wenig Sauerstoff.

Zu den Ursachen gehören Aufnahmestörungen im Körper, Blutverluste (z.B. durch Menstruation, blutende Magengeschwüre), Infektionen, einseitige Diäten und Hochleistungssport.

Bestimmte Medikamente, schwarzer Tee, oder starker Alkoholkonsum können zum Eisenmangel führen. Aber auch durch Vitamin A-, B6- sowie Kupfermangel fehlt im Körper oft Eisen.

Die Eisenmangelanämie wird gekennzeichnet durch Blässe, extreme Müdigkeit, mangelnde Konzentrationsfähigkeit und Appetitlosigkeit.

Durch Eisenmangel können sich im Körper mehr Umweltgifte wie Cadmium und Blei ansammeln und die Entgiftung wird erschwert.

Auf eine ausreichende Eisenzufuhr sollten besonders schwangere Frauen achten. Medizinische Forschungsarbeiten legen nahe, dass Frauen mit einem Eisenmangel zu einer höheren Frühgeburtenrate neigen.

Folgende Frühgeburtentendenzen wurden festgestellt:

- Frauen mit schweren Anämien: 42 %
- Frauen mit mittelschweren Anämien: 14 %
- Frauen ohne nachweisbare Anämien: 8 %

Eine finnische Studie zeigt, dass die Eisenversorgung von Stillkindern wesentlich besser ist, als die der Flaschenkinder, denn während der Dünndarm des Babys in der Lage ist, das Eisen der Muttermilch bis zu 50 % auszunutzen, kann das Eisen der Kuhmilch nur bis zu 20 % resorbiert werden.

Zu eisenreichen Nahrungsmitteln gehören Fleisch, insbesondere Innereien wie Leber und Herz, Hülsenfrüchte, Schalenfische, Geflügel, Nüsse, Vollkorn, Weizenkeime, Eigelb und grünes Blattgemüse. Milchprodukte sind schlechte Eisenversorger.

FLUOR/FLUORID

Fluoride tragen zur Härtung von Zähnen und Knochen bei. Allein in den Zähnen und Knochen sind über 95 % des im Körper befindlichen Fluors eingebaut. Der restliche Anteil befindet sich in Haut, den Haaren und den Fuß- und Fingernägeln.

Fluorid wird in das Apatit der Knochen und Zähne eingebaut. Apatite sind Mineralien, die aus Calciumphosphat und Calciumfluorid oder Calcium-Hydroxid bestehen. Fluor härtet den Zahnschmelz und trägt somit zur Widerstandsfähigkeit der Zähne gegen Umwelteinflüsse bei. Vor allem schützt es vor den Säuren, die von Kariesbakterien gebildet werden.

Der Bedarf an Fluorid richtet sich nach dem Alter und Geschlecht. Die *Deutsche Gesellschaft für Ernährung* empfiehlt eine Einnahme von 0,25 mg bei Säuglingen und bis zu 3,8 mg Fluorid bei Erwachsenen täglich, wobei der Bedarf von erwachsenen Frauen mit etwa 3 mg etwas darunter liegt.

Im Allgemeinen wird der tägliche Bedarf an Fluor gedeckt.

Nahrungsmittel wie Vollkorn, Nüsse, Fisch, Meeresfrüchte, Eier, schwarzer Tee und Sojabohnen sind gute Fluorlieferanten.

Eine Überdosierung an Fluor führt zu Fleckenbildung im Zahnschmelz, Osteomalazie (erhöhte Knochenbrüchigkeit) oder zur Calcium-Überlagerung von Bändern und Sehnen.

JOD

Als lebensnotwendiges Spurenelement ist Jod für die Bildung der Schilddrüsenhormone *Thyroxin* und *Trijodthyronin* unerlässlich.

Jodmangel führt zu der bekannten Kropfbildung, die besonders häufig in den Alpenländern auftritt.

Kupfer wird benötigt um Eisen zu resorbieren, das für den roten Blutfarbstoff Hämoglobin und damit für den Sauerstofftransport im Körper wichtig ist

Durch die Einnahme der Pille wird Kupfermangel gefördert.

Eine Kombination aus Kupfer und Eisen kann Blutarmut verringern. Kupfer ist auch als entzündungshemmendes Spurenelement bekannt und es kann in bestimmten Fällen sogar wirksamer als *Aspirin* sein (wer kennt nicht die Behandlung von entzündlichen rheumatischen Beschwerden mit den Kupferarmringen?).

KUPFER

Der Körper eines Erwachsenen enthält circa 125 mg Kupfer. Zirka 30 % der Kupferzufuhr findet unter normalen Umständen im oberen Verdauungstrakt statt, wobei die Aufnahmefähigkeit durch einen niedrigen pH-Wert begünstigt und durch hohe Konzentrationen von Calcium unterdrückt wird.

Die Leber ist das Hauptspeicherungs- und Ausscheidungsorgan für Kupfer. Der Rest wird mit dem Urin ausgeschieden.

Kupfer soll nach aktuellen Studien der Alzheimer Krankheit vorbeugen.

Bei einem Kupferüberschuss muss mit Nervosität und sogar Psychosen (insbesondere bei Frauen) gerechnet werden.

Hohe Kupferwerte werden meist von niedrigen Zinkwerten begleitet. Mit Zinkzufuhr kann Kupferüberschuss abgebaut werden.

Eine Zufuhr von Zink plus Mangan (Verhältnis 20:1) erhöht die Kupferausscheidung im Harntrakt. Molybdän kann die Kupfereinlagerung verringern.

In Haushalten mit Kupferleitungen kann es zur Überversorgung des Körpers mit Kupfer kommen.

Kupferhaltiges Wasser sollte daher vermieden werden, genauso wie kupferreiche Nahrungsmittel: Austern, Leber, Krabben, Nüsse, Pilze, Sojabohnen, Weizenkleie, Weizenkeim, Schokolade, Kakao, Kaffee und Schwarztee.

LITHIUM

Lithium wurde 1949 entdeckt und ist seitdem aus der Orthomolekulartherapie nicht mehr wegzudenken.

Lithium wirkt positiv auf Gehirn, Augen, Herz, kleine Gelenke, Nieren und Harnorgane. Die Schulmedizin setzt Lithium zur Prophylaxe und Therapie manisch-depressiver Erkrankungen ein. Bei Überdosierung sind Nebenwirkungen, wie Magen-Darm-Beschwerden, Muskelschwäche, Durst, Harndrang und Erhöhung des Blutzuckerspiegels bekannt.

Die Lithiumausscheidung erfolgt ausschließlich über die Nieren.

MANGAN

Mangan ist für den Menschen ein essentielles, also lebensnotwendiges, Spurenelement. Der Körper benötigt es für das Wachstum der Knochen, außerdem ist es an der Bildung verschiedener Enzyme beteiligt. Der menschliche Körper enthält etwa 10 bis 40 mg Mangan. Davon befinden sich ca. 40 % in den Knochen. Weiterhin ist Mangan in der Leber, den Nieren, in der Bauchspeicheldrüse, in den Muskeln und Haarpigmenten enthalten.

Bei Unterversorgung mit Mangan können sich Wachstumsstörungen, Osteoporose und Funktionsstörungen der Geschlechtsorgane einstellen.

Der Manganspiegel bei Diabetikern ist um 50 % niedriger als bei Gesunden. Asthma-Kranke weisen viermal niedrigere Manganwerte als gesunde Personen auf.

In der Nahrung finden wir Mangan hauptsächlich in Haferflocken, Vollkornprodukten und Sojamehl.

MOLYBDÄN

Als Bestandteil verschiedener Enzyme scheint es, ähnlich dem Fluor, Karies verhüten zu können und den Eisenstoffwechsel zu unterstützen.

Statistische Auswertungen deuten weiter darauf hin, dass Molybdän möglicherweise Krebs verhüten kann. Amerikanische Staaten wie Colorado und Ohio, die sich durch besonders molybdänreichen Boden auszeichnen, zeigen eine geringere Rate an Speiseröhrenkrebs als andere Gebiete (z.B. Transkei in Südafrika), wo Molybdän geringer vorkommt.

Zu weiteren Folgen von Molybdänmangel gehören z.B. Sulfatallergien, Haarausfall, Karies, Müdigkeit und Nierensteinbildung.

Molybdän kommt u.a. in Sojamehl, weißen Bohnen, Rotkohl, Kartoffeln, Reis, trockenen Erbsen, Spinat und Schweinefleisch vor.

SELEN

Noch heute ist die Furcht vor der Giftigkeit dieses Spurenelementes größer als die Beachtung seiner wichtigen Funktionen.

Selen ist eines der wirksamsten Antioxidantien. Es dient als Zellschutz gegenüber den aggressiven Freien Radikalen, welche durch äußere Einflüsse wie Umweltgifte, Strahlen, Rauchen und Krankheiten gebildet werden.

Selen stimuliert das Immunsystem. Die Supplementierung mit Selen ist sinnvoll bei Infektanfälligkeit und Krebs. Je weiter eine Tumorerkrankung fortgeschritten ist, desto tiefer liegt der Selenspiegel. Praxiserfahrungen zeigen positive Auswirkung der Selen-Einnahme bei Personen mit Krebs und Metastasenbildung.

Bei chronischen Quecksilber- (z.B. aus Amalgam-Füllungen) oder Bleivergiftungen unterstützen Selen-Supplemente die Entgiftung.

Selenhaltig sind insbesondere Heringe, Thunfisch, Sardinen und Sojabohnen.

Aber Vorsicht bei Meeresfischen! Die Schwermetall-Belastung der Fische kann höher sein, als der Nutzen der Fische in der Selenversorgung.

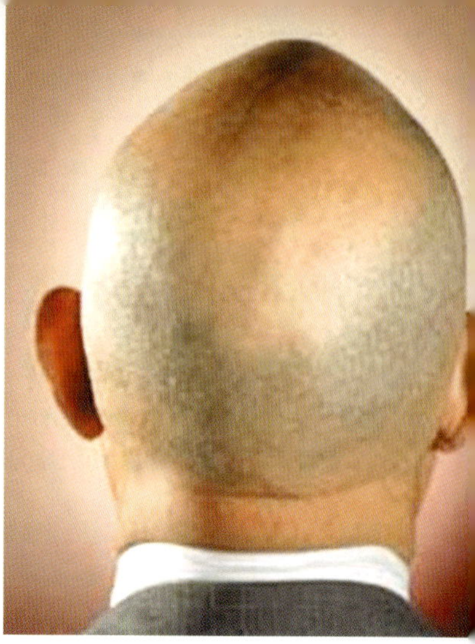

SILIZIUM

Siliziumspuren finden wir in den Arterien, Knorpelstrukturen, Haaren, Sehnen, Haut und hier besonders in der Hornhaut. In der Therapie setzt man Silizium als lebenswichtiges Element zur Aktivierung von Zellstoffwechsel und Zellaufbau ein, um die Elastizität und die Festigkeit des Bindegewebes und der Blutgefäße zu erhöhen und gleichzeitig das Immunsystem zu unterstützen. Silizium verbessert die Struktur von Haaren und Fingernägeln. Auch bei chronischen Verdauungsstörungen kann Silizium schnell und sicher helfen - und das ganz ohne Nebenwirkungen.

Silizium liefern Alfalfa, brauner, ungeschälter Reis, Vollwertgetreide, grünes Blattgemüse, Rüben und Soja.

VANADIUM

Das giftige Schwermetall Vanadium ist in sehr geringen Mengen ein lebenswichtiges Spurenelement. Es wird beim Zellstoffwechsel und für den Aufbau von Knochen, Zähnen sowie für das Wachstum benötigt. Auch die Fortpflanzung und die Kontrolle des Cholesterinspiegels wird von Vanadium mit gesteuert.

Vanadium ist außerdem in der Lage, ähnlich wie Insulin im Körper zu wirken. Einer Studie aus Israel zufolge wurden bei Patienten, die über das Trinkwasser Vanadium erhielten, die Blutzuckerwerte normalisiert.

Tabak kann die Aufnahme von Vanadium im Körper behindern.

In Lebensmitteln finden wir Vanadium hauptsächlich in Dill, Oliven, pflanzlichen Ölen, Vollwertgetreideprodukten, Radieschen und einigen Seefischen.

ZINK

Zink nimmt unter allen Spurenelementen eine absolute Schlüsselrolle ein, denn viele Körperfunktionen können ohne eine ausreichende Zinkzufuhr nicht funktionieren.

Es gibt kaum ein Krankheitsbild, wo Störungen im Zink-Haushalt nicht eine wichtige Rolle spielen würden.

Unser Körper enthält 4 g Zink, das für das Wachstum und einen ausgeglichenen Stoffwechselhaushalt notwendig ist.

Ein Zinkmangel entsteht durch mangelndes Angebot in der Nahrung und eine gestörte Aufnahme im Körper, Allergien, Infektionen, Durchfall usw.

Zink ist für die meisten Lebewesen ein essentielles Spurenelement, und im menschlichen Körper, neben Eisen, das häufigste. Dabei sind höhere Konzentrationen an Zink in den roten Blutkörperchen, in den Augen, in der Haut und in den Haaren, sowie in der Prostata und in der Leber enthalten.

Zink ist Kofaktor zahlreicher Enzymsysteme, und spielt eine Rolle im Vitamin A-, im Kohlenhydrat- und im Lipidstoffwechsel. Ferner ist Zink essentiell für die Funktion verschiedener Hormone, wie z.B. Insulin, den Schilddrüsenhormonen, Sexualhormonen und den Wachstumshormonen. Auch im Stoffwechsel von Nukleinsäuren (Träger der Erbsubstanz) und Proteinen (Eiweißen) erfüllt Zink wichtige Aufgaben. So dient es beispielsweise der Stabilisierung der DNA- und der RNA-Struktur, ist aber auch ein Bestandteil von Schlüsselenzymen der Nukleinsäuresynthese (z.B. DNA-Polymerasen).

Zink ist am Zellwachstum und an der Zelldifferenzierung beteiligt. Für eine funktionierende Immunabwehr wird ebenfalls Zink benötigt, und zwar für die zelluläre und die humorale Immunantwort, sowie für die T-Zelldifferenzierung. Des Weiteren spielt Zink eine Rolle bei der Geschmackswahrnehmung, wobei die daran beteiligten Faktoren noch nicht näher bekannt sind.

Zinkmangel greift in alle Formen von Hautproblemen ein (weiß gefleckte Nägel, Haarwuchsstörung, schlechte Wundheilung).

Verzögertes Eintreten der Geschlechtsreife, chronische Infektionsneigung, Störungen des Geruchs- und Geschmackssinns sind ebenfalls Folgen von Zinkmangel.

Beim Haarausfall gehört Zink in Kombination mit Biotin zu den Mitteln der ersten Wahl. Die Therapieerfolge, insbesondere beim kreisrunden Haarausfall, werden auf abwehrregulierende Eigenschaften von Zink zurückgeführt.

Zinkmangel kann mit Apathie, Depressionen, Psychosen, ja sogar Schizophrenie einhergehen.

Zink ist in der Lage, viele Schwermetalle wie z.B. Blei oder Kupfer zu neutralisieren, daher ist Zink heute Bestandteil jeder sinnvollen Entgiftungstherapie.

Auch für unsere Leber ist eine ausreichende Zinkversorgung wichtig. Deshalb sollte bei allen Lebererkrankungen, wie Fettleber oder der alkoholbedingten Leberzirrhose eine Supplementierung mit Zink nicht fehlen.

Durch langfristige Einnahme von bestimmten Medikamenten, wie Rheumamittel und Cortison kommt es häufig zu einem Zinkmangel

Fast alle Diabetiker haben einen Zinkmangel, da sie mit dem Urin sehr viel Zink ausscheiden.

Zink finden wir in Leber, Meeresfrüchten, Rindfleisch, Fisch, Vollwertgetreide, Küchenkräutern u.v.m.

FETTSÄUREN

Fettsäuren benötigt unser Körper zur Verbesserung der Zellfunktion. Altern die Zellen, verliert ihre Membran die Geschmeidigkeit und sie wird starr.

Fettsäuren werden in Zellwände eingebaut und beeinflussen so deren Beweglichkeit. Beispielsweise werden rote Blutkörperchen durch den Einbau von mehrfach ungesättigten Fettsäuren in ihre Membran beweglicher und „elastischer". So können sie auch durch kleinste Blutgefäße fließen und alle Gewebe mit Sauerstoff versorgen.

Fehlen bestimmte Fettsäuren, kommt es häufig zur Schwächung des Immunsystems, gestörtem Herzrhythmus, Nachlassen der Sehkraft, schlechter Wundheilung, Haarausfall, hohem Blutdruck sowie Leber- und Nierenschäden.

Mehrfach ungesättigte Fettsäuren können vom Körper entweder gar nicht oder nur in eingeschränkter Menge gebildet werden. Sie müssen regelmäßig mit der Nahrung zugeführt werden. Je nach Struktur findet eine Unterscheidung in zwei wichtige Gruppen mehrfach ungesättigter Fettsäuren statt, die Omega-6- und die Omega-3-Fettsäuren. Die Ziffer beschreibt, an welchem Kohlenstoffatom die erste Doppelbindung der Fettsäure liegt.

Zur Gruppe der Omega-3-Fettsäuren zählen:

➤ *Alpha-Linolensäure* Quelle: grünes Blattgemüse (Kopfsalat, Spinat), Lein-, Raps- und Nussöl.

➤ EPA (Eicosapentaensäure). Quelle: Fischöl, z.B aus Makrelen, Hering oder Lachs, Hummer, Garnelen, Miesmuscheln.

➤ DHA (Docosahexaensäure). Quelle: Seefisch.

Zur Gruppe der Omega-6-Fettsäuren gehören:

➤ Linolsäure. Quelle: Distel-, Sonnenblumen-, Soja- und Maiskeimöl.

➤ Gamma-Linolensäure. Quelle: Nachtkerzenöl, Borretschöl, Öl aus schwarzen Johannisbeeren.

Damit unser Körper optimal Omega-6-Fettsäuren zu PG1 (Prostaglandine 1, einem entzündungshemmenden Stoff) verstoffwechseln kann, werden zusätzlich Vitamin B3, B6, C, Magnesium und Zink benötigt.

Nach Meinung von Experten liegt der minimale Tagesbedarf an Omega-3-Fettsäuren bei etwa 500 bis 1.000 mg. Diese sollten im besten Falle dem Körper täglich zugeführt werden.

Wussten Sie, dass... sehr hohe Dosen von Omega-3 und Omega-6-Fettsäuren Vitamin-E-Speicher reduzieren können? Die Einfache Abhilfe besteht aus der zusätzlichen Zufuhr von Vitamin E!

Wissenschaftler empfehlen, in Schwangerschaft und Stillzeit viel Seefisch und Meeresfrüchte zu verzehren, da die darin enthaltenen Omega-3-Fettsäuren die Intelligenz und das Sehvermögen des Babys fördern.

Bei Erwachsenen können Omega-3-Fettsäuren gezielt zur Vorbeugung von Herz-Kreislauferkrankungen eingesetzt werden.

Bei regelmäßiger Einnahme können Omega-3-Fettsäuren die gefährliche Verengung der Blutgefäße verhindern, die dann entsteht, wenn sich überschüssiges Cholesterin an den Wänden der Blutgefäße ablagert.

Omega-3-Fettsäure senken Triglyzeride und haben einen positiven Effekt bei Diabetes.

Supplemente mit hoch dosiertem Nachtkerzenöl werden immer häufiger mit großen Erfolgen bei Neurodermitis-Patienten eingesetzt.

Die Samen der Nachtkerze produzieren ein Öl, das besonders reich an der Gamma-Linolensäure (GLA) ist. Nachtkerzenöl enthält 9 % GLA, 72 % cis-Linolsäure sowie Ölsäure und Palmitinsäure.

Leider kann Nachtkerzenöl nicht in die Nahrung integriert werden, so dass es über Nahrungsergänzungen zugeführt werden muss.

Überhaupt, wer zu Allergien, trockener Haut und Ekzembildung neigt, sollte unbedingt eine Kur mit Nahrungsergänzungen aus *Nachtkerzenöl* machen.

TIPP

Meiden Sie arachidonsäurereiche Lebensmittel. Das sind fettreiche tierische Lebensmittel. Arachidonsäure fördert Entzündungen und kann beispielsweise Rheuma verschlimmern.

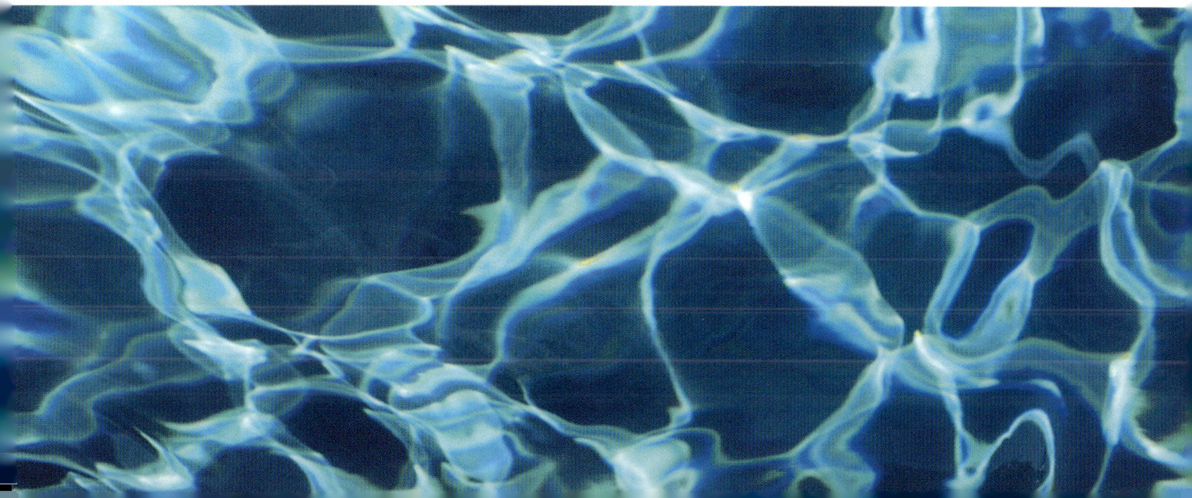

PRO- UND PRAEBIOTIKA

Mit einer Länge von fast sieben Metern und einer Oberfläche von über 200 m² ist der Darm unser größtes Immunorgan. Mehr als ¾ der Immunkraft stammen aus dem Darm (darmassoziiertes Immunsystem).

Die Darmflora ist mit zahlreichen Bakterien besiedelt. Allein auf der Darmschleimhaut existieren über 500 verschiedene Arten von krank machenden und nützlichen Bakterien, von denen nur wenige bis ins Detail erforscht sind.

Ein Gleichgewicht unter den Darmbakterien ist unerlässlich für das optimale Funktionieren der Verdauung, des Immunsystems und anderer Körperfunktionen.

Durch Verschiebungen in der Darmflora zugunsten krank machender Keime kann es zu zahlreichen Befindlichkeitsstörungen und Erkrankungen kommen wie Reizdarm, chronisch entzündliche Darmerkrankungen, Allergien, Hautekzeme, Infektanfälligkeit, Müdigkeit und Dickdarmkrebs.

Ernährungsfehler, Gifte und die Verwendung von Antibiotika können die sensible Darmbalance nachhaltig stören.

ANTIBIOTIKA-MISSBRAUCH

Kaum eine wissenschaftliche Entdeckung hat die Therapiemöglichkeiten des Arztes so revolutioniert wie die Antibiotika.

Antibiotika können aber krank machende oder hilfreiche Bakterien nicht unterscheiden. Daher muss man fast nach jeder Antibiotikabehandlung mit gestörter Darmflora rechnen. Dabei werden auch die nützlichen, gesundheitsfördernden Bakterien zerstört. Besonders die Milchsäurebakterien können schnell ein Opfer der Antibiotika werden: Sowohl die überwiegend im oberen Darm angesiedelten *Acidophilus*-Stämme, wie auch die *Bifidus*bakterien im unteren Darmabschnitt.

Das Ausmaß des Schadens durch Antibiotika-Einnahme richtet sich nach der Dauer und der Stärke der antibiotischen Applikationen.

Auch die individuelle Körperkonstitution spielt dabei eine wichtige Rolle. Menschen mit chronischen Magen-Darmstörungen, Durchfällen oder Verstopfung reagieren in der Regel sensibler auf Antibiotika als Gesunde.

Eine der häufigsten Folgen der antibiotischen Behandlung ist die Bildung von Darmmykosen.

CANDIDAPILZ

Zu den bekanntesten Vertretern der Darmmykosen gehört *Candida albicans* (Foto). Darmpilze gehören zu den Schmarotzern, welche die gesunde Darmbalance stören und zu verschiedenen Erkrankungen führen können, wie z.B. Allergien, Abwehrschwäche, chronische Müdigkeit, Durchfall und Haarausfall.

Da Pilzerkrankungen zunehmend resistenter werden, erscheint der Einsatz klassischer Antimykotika immer fragwürdiger. Praxiserfahrungen zeigen sogar, dass Patienten, die mit *Nystatin*-haltigen Präparaten behandelt wurden, mit der Zeit immer häufiger zu Pilzinfektionen neigen. Viel sinnvoller erscheinen Maßnahmen, die den Darm langfristig in ein Gleichgewicht bringen.

PROBIOTIKA

Das Wort „Probios“ stammt aus dem Griechischen und bedeutet so viel wie „für das Leben“.

bakterien *(Acidophillus)* und *Bifidobakterien*. Sie sind in milchsauer vergorenen Lebensmitteln wie herkömmlichem Joghurt, Dickmilch oder frischem Sauerkraut enthalten. Besonders gut ist es, wenn ein milchsaures Lebensmittel diese Bakterien lebend enthält.

***Wussten Sie, dass ...* nach Expertenmeinung täglich 100 bis 1000 Millionen Bakterien pro Tag aufgenommen werden müssen, um die Darmflora zu beeinflussen?! Die Organismen können sich nur für wenige Tage bis Wochen im Darm ansiedeln. Aus diesem Grund ist es wichtig, mindestens einmal täglich Probiotika zu verzehren. Ein einmaliger oder sporadischer Verzehr eines probiotischen Lebensmittels genügt nicht. Auch sollten die Produkte nicht gewechselt werden, da sonst immer andere Bakterien zugeführt werden.**

Probiotika enthalten lebende Mikroorganismen, die sich im Darm ansiedeln und vor Krankheiten schützen können. Dazu gehören hauptsächlich Milchsäure-

Die menschliche Verdauung hält jedoch eine Hürde bereit, an der die meisten Mikroorganismen scheitern: Die Magensäure und später im Darm die Gallensalze.

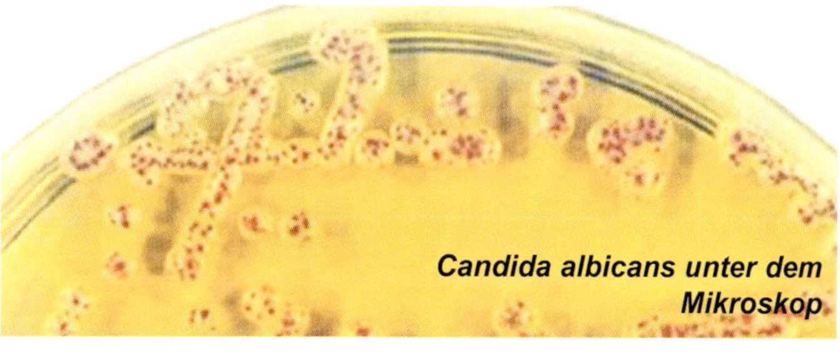

***Candida albicans* unter dem Mikroskop**

Haltbarmachung oder zur Unterbindung der Nachsäuerung teilweise sogar durch Hitzebehandlung abgetötet. Ein Grund mehr, weshalb hoch konzentrierte Probiotika als Supplemente in Kapselform für den gezielten Aufbau der Darmflora bevorzugt werden.

PRÄBIOTIKA

Präbiotika sind unverdauliche Oligosaccharide, also Zuckerstoffe, die von den menschlichen Verdauungssäften nicht aufgeschlossen werden können. Sie beeinflussen im positiven Sinne die Anzahl und die Aktivität der erwünschten Milchsäure- und Bifidobakterien im Darm. Dazu gehört z.B. *Inulin* (Oligofruktose). Dieses kommt in vielen Pflanzen als Reservekohlenhydrat vor und es wird vor allem aus der Zichoriewurzel durch Heißwasserextraktion gewonnen.

Die positiven Effekte der Probiotika und Präbiotika auf die Darmflora sind eindeutig wissenschaftlich nachgewiesen. Sie schaffen ein gutes Klima im Darm und ein gesunder Darm ist die Bedingung für einen gesunden Körper. Neben den unbestrittenen Einflüssen von Probiotika und Präbiotika ist jedoch eine ausgewogene Ernährung der wichtigste Erfolgsfaktor.

Aus diesem Grunde erreichen nur etwa 10 bis 40 % der probiotischen Bakterien, die z.B. im Joghurt enthalten sind, den Darm lebend. Auch bedingt durch Temperaturschwankungen während der Aufbewahrung und durch lange Transportwege kann der Gehalt der probiotischen Kulturen in den meisten Milchprodukten deutlich schwanken. Ferner werden Bakterienkulturen im Joghurt zur

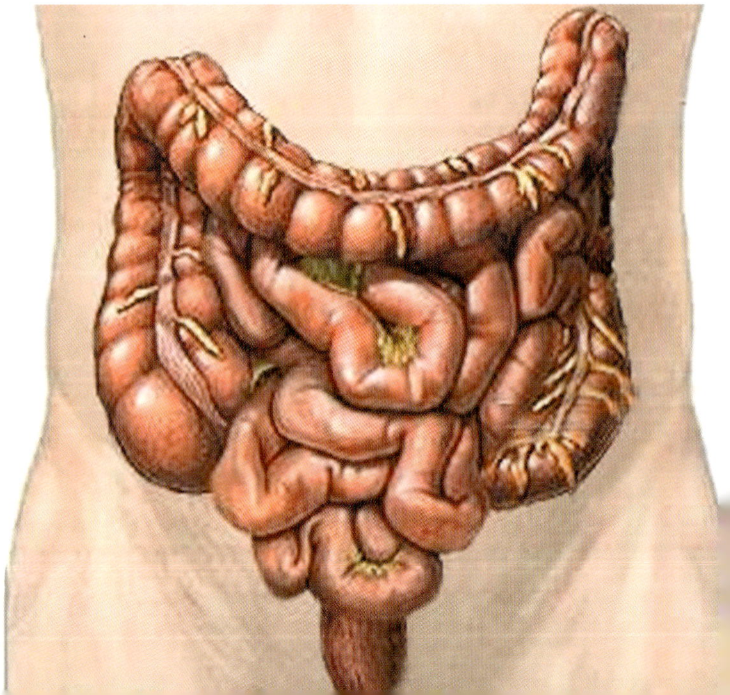

VORTEILE EINER PROBIOTIKA-SUBSTITUTION

- Probiotika unterdrücken unerwünschte, krank machende Bakterien und andere Mikroorganismen. Sie stehen in Nahrungskonkurrenz zu Krankheitserregern und hemmen deren Wachstum. Zugleich geben sie antimikrobielle Substanzen ab. So können bakteriell bedingte Durchfallerkrankungen vermieden oder abgeschwächt werden.
- Probiotika regen die Immunabwehr des Körpers an.
- Probiotika spielen eine Rolle in der Vorbeugung und Behandlung von Allergien.
- Probiotika reduzieren die Konzentration toxischer Substanzen im Darm.
- Probiotika senken die Konzentration von Substanzen, die Tumore erzeugen. So können Sie möglicherweise vor Krebs schützen.
- Studien beweisen, dass Probiotika einen günstigen Einfluss auf den Hautstoffwechsel nehmen, mit großen Vorteilen z.B. bei Akne und Neurodermitis.
- Die Darmtätigkeit wird durch die größere Menge an Probiotika ausgeglichen - Verstopfung und Durchfall treten seltener auf.
- Probiotische Supplemente sind auch für Personen, die an einer Laktoseintoleranz leiden, verträglich.

VORTEILE EINER PRÄBIOTIKA-SUBSTITUTION

- Präbiotika dienen den Probiotika als Nahrung.
- Präbiotika stimulieren das Immunsystem.
- Eine Studie zeigt, dass Oligofructose die Calciumaufnahme fördert und die Knochendichte verbessert.
- Präbiotika verbessern die Aufnahme von Vitaminen, Mineralstoffen und anderen Mikronährstoffen aus der Nahrung.
- Präbiotika wirken sich positiv auf die Darmflora aus und tragen dadurch zu erwünschten physiologischen Veränderungen im Darm bei. Studien zeigen, dass sich dadurch insbesondere bei kranken Personen die Untersuchungswerte normalisieren.
- Präbiotika tragen zur Senkung des Cholesterin- und Triglyceridspiegels im Blut sowie zur Steigerung der Calciumaufnahme aus dem Darm bei.
- Als wirksame Ballaststoffe beugen Präbiotika Verstopfung vor.

BALLASTSTOFFE

Nahrungsbestandteile, die der menschliche Körper nicht verdauen kann, können der Gesundheit sehr nützlich sein. Hielt man Ballaststoffe früher für wertlos und überflüssig, gehören diese natürlichen Quellstoffe heute zur gesunden Ernährung dazu.

Ballaststoffe sind Substanzen in pflanzlichen Lebensmitteln, die der menschliche Dünndarm nicht verwerten kann und sie daher wieder ausscheidet. Als Quell- und Füllstoffe leisten Ballaststoffe keinen Energiebeitrag für den Körper und besitzen daher keinen Brennwert.

Neben Pflanzenfasern und dem bereits erwähnten Präbiotikum *Inulin* erweist sich der *indische Flohsamen (Plantago psyllium)* als wirksamer Ballaststoff. Er besteht aus kleinen, hellbraunen Samenkörnern, die ein hohes Maß an Quellfähigkeit besitzen. Seine Heimat ist Indien und Westasien. Als Inhaltsstoffe wurden Schleimstoffe, Proteine, Aucubin und Öl ermittelt. Der *indische Flohsamen* gehört zu den milden und sehr gut verträglichen Abführmitteln, da er im Darm aufquillt, das Volumen des Darminhalts dadurch zunimmt und der Darm anregt, die Speisereste weiterzubefördern.

Großen Nutzen liefert der *Flohsamen* bei Stuhlunregelmäßigkeiten, die bei Erkrankungen wie z.B. Reizdarm oder Ausstülpungen der Darmwand (Divertikulose) auftreten. Außerdem wird er bei Verstopfung, insbesondere wenn sie durch Analfissuren oder Hämorrhoiden begleitet wird, angewendet. Auch in der Schwangerschaft, nach Operationen am Enddarm oder als Begleittherapie bei M. Crohn und Colitis Ulcerosa kommt der indische Flohsamen zum Einsatz.

Flohsamen können den Cholesterinspiegel um bis zu 20 % senken

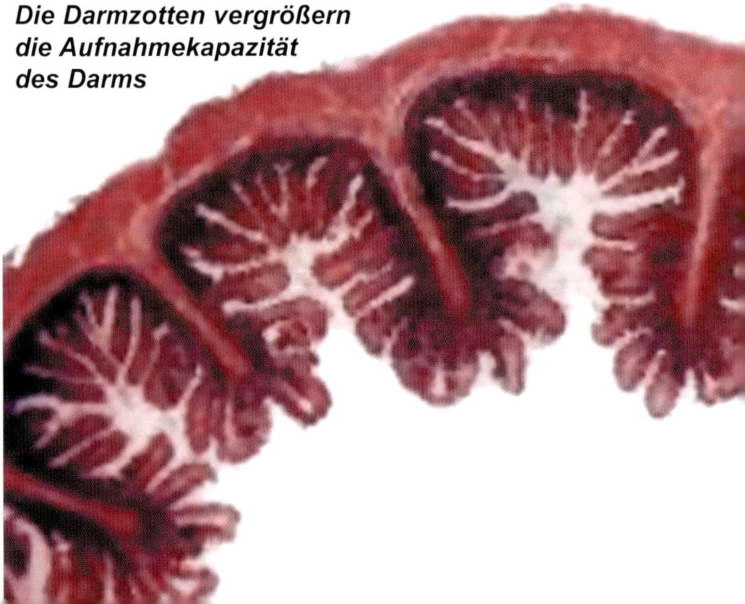

Die Darmzotten vergrößern die Aufnahmekapazität des Darms

DARMSANIERUNG

Die meisten modernen, chronischen Erkrankungen sind auf Überlastung mit Giften und latente Schwäche der Entgiftungsorgane zurückzuführen.

Die Ausscheidung über den Darm gehört zu den wichtigsten Entgiftungsfunktionen unseres Körpers, denn im Laufe des Lebens eines Menschen verarbeitet der Darm 65 t Nahrung und 50.000 l Flüssigkeit!

Wenn Stoffwechselabbaustoffe zu lange im Darm verweilen - bedingt z.B. durch Darmträgheit - entstehen Fäulnis- und Gärgifte, die durch den Darm ins Blut übergehen können. Zu den unmittelbaren Folgen gehören u.a.: Kopfschmerzen, unreine Haut mit Ekzemen und Müdigkeit.

Die therapeutisch indizierte Darmentgiftung und Darmsanierung ist aus der heutigen Naturheilpraxis nicht mehr wegzudenken, denn die Erfolge einer Darmsanierung sprechen für sich.

Vor der Probiotika-Substitution haben sich zwei- bis dreiwöchige Kuren mit *Inulin*-haltigen Präbiotika sehr gut bewährt.

Die Zufuhr lebendiger Darmbakterienstämme *Lactobacillus* und *Bifidum* gehört zum nächsten wichtigen Schritt der Darmsanierung - der sog. Symbioselenkung.

Probiotische Kulturen sollten je nach individueller Belastung zwischen mindestens sechs Wochen und drei Monaten regelmäßig zugeführt werden.

Während der gesamten Kur ist die Aufnahme von mindestens 2,5 Liter Flüssigkeit po Tag von großer Bedeutung.

ENZYME

Die Verdauung beginnt schon im Mund. Durch ausreichendes Kauen wird nicht nur die Nahrung zerkleinert und zermahlen, sondern auch mit wichtigen Enzymen vermischt. Wenn es bereits im Mund zu einer Verdauungsstörung kommt, z.B. durch schlechte Zähne oder durch zu schnelles Herunterschlucken, so ist bereits der erste Verdauungsschritt gestört.

Im Verlauf weiterer Verdauung beteiligen sich zahlreiche Enzyme an der Spaltung der Nahrung. Die meisten Verdauungsenzyme stellt unsere Bauchspeicheldrüse zur Verfügung: *Lipase* für die Verdauung von Fett, *Protease* zur Eiweiß- und *Amylase* sowie Disacharidasen (z.B. Laktase) zur Kohlenhydrat-Verdauung.

Kommt es zur unzureichenden Enzymproduktion, z.B. durch Entzündungen oder Schwäche der Verdauungsdrüsen (Magen und Bauchspeicheldrüse), Stress, Tabakrauch, hohen Alkoholkonsum, scharfe oder sehr fettreiche Nahrung, kompensiert der Körper diesen Mangel durch überhöhte Magensäureproduktion. Dies führt zum Sodbrennen und langsamer Zerstörung des Magen-Darm-Systems. Dabei wird auch die Aufnahme von Nährstoffen aus der Nahrung sehr eingeschränkt.

Die Folgen sind Blähungen, Völlegefühl oder Appetitlosigkeit, Aufstoßen, Durchfall oder Verstopfung, Bauchkrämpfe und Unverträglichkeit gegenüber vielen Lebensmitteln.

Als negativer Nebeneffekt kann sich infolge gestörter Aufnahme im Verdauungstrakt auch ein Vitamin-, Mineral- und Nährstoffmangel einstellen!

Um die Enzymproduktion im Körper wieder anzukurbeln, empfiehlt sich eine langfristige Supplementierung (immer vor den Mahlzeiten) mit tierischen *(Pankreatin, Pepsin)* oder pflanzlichen *(Bromelain, Papain)* Enzymen.

Bromelain kommt in der Ananas-Frucht und *Papain* in Papaya-Früchten vor. Ihre Wirkung geht weit über den Verdauungsbereich hinaus. Enzym-Supplemente sind angezeigt bei allen entzündlichen Erkrankungen, insbesondere bei: Sportverletzungen, Verstauchungen, Schwellungen, Gelenkschmerzen, Nasennebenhöhlenentzündungen u.v.m.

Die Enzyme aus den Supplementen werden besser aufgenommen als über Ananas oder Papaya.

Enzyme können unmittelbar nach der Tumorentfernung, Chemotherapie und Bestrahlung Schwellungen mindern, Übelkeit, Brechreiz, Haarausfall sowie toxische Effekte einzelner Chemotherapeutika reduzieren und damit die Lebensqualität der Krebspatienten deutlich verbessern.

LECITHINE

Lecithine wurden im Jahre 1850 entdeckt. Die zu den Phospholipiden zählende Gruppe fettähnlicher Verbindungen findet man in den pflanzlichen und tierischen Zellen.

Die Bezeichnung *Lecithin* wird in zweifacher Bedeutung gebraucht: In der Chemie als Alternativbezeichnung für *Phosphatidylcholin*, das etwa 13 % *Cholin* enthält und in der Ernährungswissenschaft wiederum wird *Lecithin* als Bezeichnung für eine Substanz gebraucht, die aus Sojabohnen oder Eigelb gewonnen wird und eine Mischung aus Phosphatidylcholin, Myo Inocitol und anderen Phospholipiden ist.

Die wichtigsten Bausteine von *Lecithin* sind *Cholin* und *Inositol*, die den B-Vitaminen zugeordnet werden. Besonders reichhaltige *Lecithin*-Lieferanten sind Sojabohnen (Foto), Getreide, Hefe, Fisch und Eigelb.

Lecithin kann Fette emulgieren (fein verteilen) und wasserlöslich machen, hält das Cholesterol im Blut in gelöster Form und verhindert somit die cholesterinbedingten Kalkablagerungen in den Blutgefäßen.

Studien wiesen nach, dass neurologische Störungen durch *Lecithin* verbessert werden können.

Lecithin vermag auch die Symptome von Alzheimer und anderen Demenzformen zu reduzieren und Auswirkungen einer Leberentzündung zu mindern.

Bei Alkoholikern wird der *Cholin*-Spiegel im Blut bedrohlich gesenkt, wodurch die Gefahr einer Fettleber bzw. Leber-Zirrhose steigt. *Cholin*-Supplemente können auch hier den Schaden erheblich reduzieren.

Sojabohnen

Eine weitere *Lecithin*-Form ist *Phosphatidylserin (PS)*. *PS* ist im Gehirn verantwortlich für den Glucose-Stoffwechsel, die Ausschüttung von Botenstoffen, die Dichte und die Signalübertragung zwischen den Nervenzellen.

Phosphatidylserin -Mangel führt zu Unaufmerksamkeit und Konzentrationsstörungen. Das kann ferner zur Hyperaktivität bei Kindern führen, unter der bereits 10 % aller Schulkinder in Deutschland leiden.

Das fleißige Bienenvolk ist ein wichtiger Mittler zwischen der heilenden Natur und uns Menschen. Die Bienenerzeugnisse hat längst die Volksheilkunde entdeckt und setzt sie gegen zahlreiche Gebrechen ein.

BIENENPRODUKTE

Viele Heilpraktiker und Naturärzte schwören auf Bienenprodukte.

PROPOLIS

Der Ausdruck *Propolis* stammt aus dem Altgriechischen und bedeutet soviel wie *Wächter, Beschützer*. Gemeint ist damit, dass Bienenvölker mit dieser klebrigen Substanz (zu deutsch: Kittharz) ihre Waben und Bienenstöcke auskleiden, um das gesamte Bienenvolk vor allen von außen eindringenden Gefahren wie Krankheiten, Seuchen und Gifte zu schützen.

Bei besonderen Gefahren verkleiden die Bienen mit *Propolis* die Stocköffnungen und wild lebende Bienen die Baumhöhlen.

Interessant dabei ist, dass je höher die Außentemperatur, desto mehr wird *Propolis* von den Bienen produziert, um ihren Wohn- und Arbeitsplatz zu verkleiden. Bienenhäuser oder tragbare Bienenstöcke, die bei uns im Gebirge auf einer sehr heißen Sonnenseite stehen, ergeben genauso viel *Propolis* wie bei den Bienen im Mittelmeerraum.

Das natürliche „Antibiotikum" *Propolis* als Produkt der Bienenvölker zählt zu den Wundermitteln der Natur schlechthin. Diese Substanz und ihre enorme Heilwirkung sind seit Jahrtausenden bekannt und wurden von allen bedeutenden Ärzten der ägyptischen, griechischen und römischen Antike sowie von deren gelehrten Schriftstellern in überlieferten Texten genau beschrieben.

Heute wird *Propolis* erfolgreich gegen bakterielle und virale Infektionen eingesetzt, selbst dann, wo klassische, nebenwirkungsreiche Antibiotika kläglich versagt haben.

POLLEN

Pollen (Blütenstaub, engl. Bee Polls) wird von den Bienen gesammelt, in den Bienenstock transportiert, dort abgestreift und im Wabenstock deponiert.

Pollen dienen im Leben des Bienenvolkes zur Ernährung des Bienennachwuchses. Mit *Pollen* werden auch die Ammen des Bienenvolkes ernährt und gestärkt.

Bienenpollen sind sehr nährstoffreich und enthalten sämtliche Mineralien, Vitamine, Spurenelemente, Fermente und Enzyme, die der Mensch zum Leben benötigt.

Ernährungswissenschaftlich können Pollen einen großen Teil der täglichen Vitamine, Mineralstoffe und Enzyme decken.

Pollen, um nur ein Beispiel zu nennen, enthalten auch Proteine, wobei 25g bis 35g *Pollen* - je nach Gewicht und Körpergröße des Menschen - völlig ausreichen, um den kompletten Tagesbedarf an Eiweiß zu decken, und das auf natürliche Weise, da Proteine aus Pollen fast identisch mit Fleischproteinen sind und ähnlich hochwertig

Der Blütenstaub eignet sich hervorragend zur Vorbeugung, aber auch zur Bekämpfung von Gefäßkrankheiten und zur Senkung des schädlichen Cholesterins.

Pollen eignen sich ebenso in Zeiten anstrengender geistiger Arbeit, die psychische Ausdauer, Konzentration Lern- und Merkfähigkeit massiv zu steigern.

Junge Menschen, besonders in der Pubertät, sollten *Pollen* vorbeugend nehmen, um den schulischen oder beruflichen Belastungen besser gewachsen zu sein. Vor jeder Art von Prüfungen eignen sich *Pollen* exzellent als Mittel gegen den Prüfungsstress. Aber wie bei jedem Mittel aus der Apotheke der Natur tritt die segensreiche Wirkung der *Pollen* nicht quasi über Nacht auf, sondern muss in mehrwöchigen, besser mehrmonatigen Einnahmephasen aufgebaut werden.

GELÉE ROYALE

Die Bienen-Königin legt in der warmen Jahreszeit täglich ca. 2000 befruchtete Eier. Zu dieser außergewöhnlichen Leistung wird sie durch den *Gelée Royale*-Saft befähigt, der von jungen Bienen produziert und an die Königin verfüttert wird.

Gelée Royale besteht aus Aminosäuren, Vitaminen und Mineralstoffen. Aber erst die Ganzheit macht den Synergieeffekt von *Gelée Royale* zu einem einmaligen Wirkstoff, der in den letzten Jahren zunehmend therapeutische Verwendung findet, z.B. zur Stärkung der Abwehrkräfte, in der Rekonvaleszenz, zur Verbesserung der sportlichen Leistung und bei Fitness, zur Steigerung der geistigen Aufnahmefähigkeit im Alter und bei Entwicklungsstörungen von Kindern.

PFLANZEN & KRÄUTER

Gegen jedes Zimperlein ist ein Kraut gewachsen besagt ein altes Sprichwort. Und in der Tat nutzt die Volksheilkunde seit eh und je die Heilkraft ausgesuchter Pflanzen für die Behandlung zahlreicher Beschwerden.

In der heutigen Zeit sind die meisten pflanzlichen Wirkstoffe bereits weitgehend erforscht und das Wissen alter Generationen über die positive Wirkung von Heilkräutern bestätigt.

ALFALFA

ist die englische Bezeichnung für unsere *Luzerne (Medicago sativa)*. Sie hat ein tiefes Wurzelsystem, weshalb sie lange ohne Wasser auskommen kann und dadurch sehr widerstandsfähig ist.

Alfalfa ist besonders reich an Vitamin A, C, D, E, K, B1, B2, B3, B5, B6, B12, Biotin, Folsäure, Calcium (1200 mg in 100g Alfalfa-Sprossen!), Eisen, Kupfer, Magnesium, Phosphor, Chlorophyll (grüner Pflanzenfarbstoff) und allen essentiellen Aminosäuren.

Alfalfa wird vor allem bei Magenbeschwerden, Magengeschwüren, Appetitlosigkeit, Bauchkrämpfen und Blähungen eingesetzt.

Alfalfa wirkt mild abführend und harntreibend - sie eignet sich daher vorzüglich zur Entgiftung des Körpers. Das in der *Luzerne* enthaltene Calcium und das Phosphor stärken bei Heranwachsenden die Knochen und Zähne.

Aloe vera

ALOE VERA

Die Beliebtheit der Wüstenpflanze *Aloe Vera* ist ungebrochen. Von den bisher über 160 wissenschaftlich ermittelten Bestandteilen in Aloe zeigt *Acemannan* die erstaunlichsten Eigenschaften. Es wirkt wie ein Jungbrunnen auf die Zellen und macht sie widerstandsfähiger gegen Bakterien, Parasiten und Viren.

Aloe Vera versorgt den Körper optimal mit vielen Nahrungsinhaltstoffen, wirkt entgiftend und abwehrstärkend.

Aloe Vera wird bei Allergien, Chemotherapieschäden, Darmerkrankungen, Entzündungen, Erkältungen, Erschöpfungszuständen, Fibromyalgie, hohem Blutdruck und Verstopfung eingesetzt.

Äußerlich wirkt *Aloe Vera* bei Furunkel, Geschwüren, Hautwunden, Insektenstichen, Juckreiz, Pilzbefall, Prellungen, Sonnenbrand, Strahlenschäden und Verbrennungen.

AMERIKANISCHER FAULBAUM

(Cascara Sagrada, Frangula purshiana) gehört zur Familie der Kreuzdorngewächse und ist im westlichen Nordamerika beheimatet.

Die Rinde dieser Pflanze wurde vermutlich schon früher von der spanisch-mexikanischen Bevölkerung in Amerika unter dem Namen „Cascara Sagrada" als Abführmittel genutzt.

Der *amerikanische Faulbaum* erlangte nach der Mitte des 19. Jahrhunderts größere Bedeutung in Nordamerika und später auch in Europa. Die getrocknete Rinde des *Amerikanischen Faulbaumes* ist vor allem ein wirksames Abführmittel.

ASIATISCHER WASSERNABEL

(Gotu Kola, Hydrocotyle) hat eine wundheilende, antibakterielle und entzündungshemmende Wirkung. Möglicherweise kann es sogar die Bildung kollagener Fasern in den Fibroblasten beeinflussen.

Anwendungsgebiete: bei Verletzungen jeder Art, Ulzera, Verbrennungen, Schorf, Störungen der Wundheilung, stressbedingte Magen- und Zwölffingerdarmgeschwüre, venöse Funktionsstörungen.

BALDRIAN

(Valerian Root, Valeriana officinalis) ist heimisch in Europa und Asien, aber auch im nordöstlichen Amerika wird er mittlerweile angebaut. Der Name *Valeriana* leitet sich von *valere = gesund sein* ab.

Im Volksmund wurde der *Baldrian* auch *Katzenkraut* genannt, da er bekannterweise aufgrund seines spezifischen Geruchs Katzen anlockt.

Verwendet werden die unterirdischen Teile der Baldrianstaude, d.h. der Wurzelstock, die Wurzeln und deren Ausläufer.

Baldrian wirkt beruhigend, einschlaf- und durchschlaffördernd, krampflösend und muskelentspannend.

Außerdem übt er einen leicht anregenden Effekt auf das Gemüt aus. Er vermag innere Ruhe, Angst und Spannung zu beeinflussen und einen Zustand der Ausgeglichenheit hervorzurufen.

BÄRENTRAUBE

(Arctostaphylos Uva ursi) ist ein niedrig wachsender, kriechender Strauch. Die dickledrigen Blätter sind ganzrandig und glänzen an der Oberseite dunkelgrün. Bärentraubenblätter können leicht mit Preiselbeerblättern verwechselt werden, sie besitzen jedoch im Gegensatz zu Bärentraubenblättern keine sichtbare, netzartige Nervatur an der Blattunterseite.

Verwendet werden die Blätter. Die Harnwegsdesinfizierende Wirkung von Bärentrauben auf die Blase und die ableitenden Harnwege ist schon lange bekannt.

DAMIANA

(Turnera diffusa) ist ein kleinbleibender gelbblühender Strauch, der in den trockenen warmen Regionen Amerikas im Süden der USA, insbesondere Texas und Südkalifornien, verbreitet ist und solche Namen trägt wie *Hierba del Venado = Kraut des Hirsches* oder *Rompe camisa macho = Zerreiß dem Mann das Hemd.*

Die kleinen gezackten Blätter galten schon bei den amerikanischen Ureinwohnern als Aphrodisiakum bei Mann und Frau und wichtiges Heilmittel gegen Asthma und Atemwegserkrankungen. Es wird außerdem zur Appetitanregung, zur Linderung von Rheuma und Migränekopfschmerzen, zur Entspannung bei Menstruationsbeschwerden, gegen Bauchschmerzen, Durchfall und Harnwegsleiden, bei Nervosität, als Kräftigungsmittel bei Schwächezuständen, sowie als mildes Hirntonikum (besonders im Alter) eingesetzt.

GINKGO

Engelbert Kämpfer (1651 - 1716), ein deutscher Arzt und Botaniker aus Lemgo, entdeckte als erster Europäer den *Ginkgo biloba*, als er sich im Auftrag der Niederländischen Ostindienkompanie von 1690 bis 1692 in Japan aufhielt. Er stellte den Baum ausführlich in seinem 1712 erschienenen Werk "Amoenitatem exoticarum" vor.

Ginkgo wird verwendet bei Schwindel, Gleichgewichtsstörungen, Kopfschmerzen, Ohrensausen, Hörsturz, Schwerhörigkeit, Verschlechterung der Sehschärfe, Gedächtnisschwäche und Konzentrationsschwierigkeiten.

Gegenwärtig sorgt eine Studie aus Kalifornien für Diskussion unter den Experten, denn erstmals konnte der spezielle Wirkmechanismus der *Ginkgo*-extrakte direkt im Bild eines menschlichen Gehirns dargestellt werden. Und dieses Bild zeigt ganz deutlich, dass die Zunahme der Energie in den Hirnzellen gleichzeitig mehr Leistungsfähigkeit im Gehirn bedeutet. Wer also mit beginnendem Alter seine Nervenzellen stärkt, kann dank *Ginkgo*-Extrakte den Zelltod verzögern und das Gehirn gegen Alterungsprozesse besser wappnen.

GINSENG

Panax Ginseng kann die körperliche und geistige Leistungsfähigkeit steigern. Insbesondere bei Sportlern konnte eine Steigerung der Leistungsfähigkeit durch Ginseng nachgewiesen werden.

Wissenschaftliche Analysen wiesen im *Panax Ginseng* eine Vielzahl potenter Inhaltsstoffe nach, darunter Vitamine, Mineralstoffe und *Ginsenoside*. Diese Inhaltsstoffe werden hauptsächlich für die gesundheitsfördernde Eigenschaft von *Ginseng* verantwortlich gemacht.

Von allen *Ginseng*-Sorten weist *Panax Ginseng* ein besonders günstiges Mischverhältnis der Inhaltsstoffe auf. Seine Wirkeigenschaften tragen ganz wesentlich dazu bei, das gesunde Gleichgewicht der körperlichen Abläufe zu stabilisieren oder ein gestörtes Gleichgewicht wiederherzustellen.

Die Wirkung von *Panax Ginseng* lässt sich im Sinne eines Schutzes, einer Harmonisierung und Kräftigung des Organismus beschreiben. Ein Wert, der für Menschen jedes Alters gültig ist.

Ginkgo biloba

GRÜNER TEE

(Green Tea) unterscheidet sich vom schwarzen Tee darin, dass die Blätter nicht fermentiert, sondern lediglich mit heißem Dampf behandelt werden. Dadurch wird der Tee nicht braunschwarz, sondern behält seine grüne Farbe.

Durch den fehlenden Fermentationsprozess enthält *grüner Tee* im Vergleich zum schwarzen Tee mehr Vitamine D, B1 und B2 und besonders viel Vitamin C.

Außerdem werden beim Dämpfen viele Gerbstoffe gelöst. Eine dieser phenolischen Verbindungen, das Epigallocatechingallat (EGCG), kommt im *grünen Tee* in fünffach höherer Konzentration als im schwarzen Tee vor. Dieser Verbindung wird die größte Bedeutung in Bezug auf die Gesundheitsprophylaxe zugeschrieben (u.a. antioxidative Wirkung).

EGCG ist ein Radikalfänger und kann damit ein Schutz vor Tumorzellen sein. Freie Radikale sind Stoffwechselprodukte die u.a. Krebs verursachen können, indem sie das Erbgut schädigen (siehe Kapitel *Freie Radikale*).

Eine weitere positive Eigenschaft des *grünen Tees* ist die Kariesprophylaxe. Die im *grünen Tee* enthaltenen Polyphenole haben eine antibakterielle Wirkung und können die Zähne vor Bakterienbefall schützen.

Die Inhaltsstoffe aus dem *grünen Tee* vermindern ferner die Aufnahme der Nahrung im Darm und kurbeln zusätzlich die Fettverbrennung an. Aus Erfahrung asiatischer Wissenschaftler weiß man, dass vier bis fünf Tassen *grünen Tees* täglich oder konzentrierte Grüntee-Extrakte ausreichen, um die körperfettreduzierende Wirkung beim Menschen zu nutzen.

HEIDELBEERE

(Bilberry, Vaccinium myrtillus) zeichnet sich durch einen hohen Gehalt an Gerbstoffen, Proanthocyanidinen, Flavonolen und Pflanzensäuren aus. In den frischen Früchten finden sich auch die Vitamine C, B1, Pantothensäure und Nicotinamid.

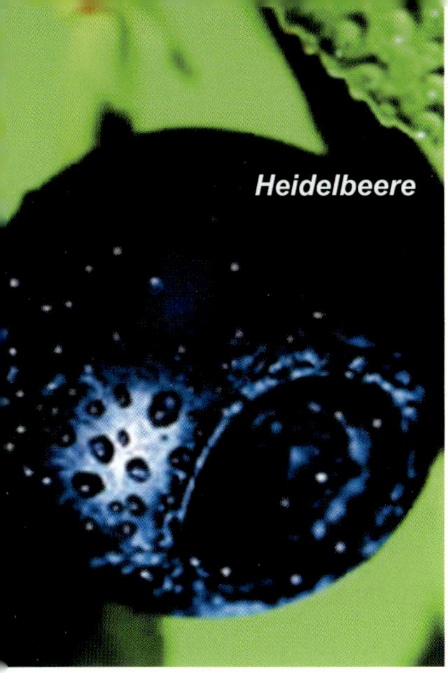

Heidelbeerblätter enthalten auch Catechingerbstoffe, organische Säuren und geringe Mengen Chinolizidinalkaloide.

In der Volksheilkunde werden *Heidelbeerblätter* wegen leicht blutzuckersenkender Wirkung als „Diabetikertee" empfohlen und die getrockneten Früchte werden gegen Durchfall eingesetzt.

Die pflanzlichen Farbstoffe der *Heidelbeere* Anthocyanidine wirken sich positiv auf das Auge aus. Sie verbessern die Stabilität der Kapillare in der Netzhaut und steigern die Aktivität der Netzhautenzyme. Diese verbessern das Nacht- und Dämmerungssehen. Die Blendenempfindlichkeit nimmt ab und das Auge ermüdet nicht mehr so schnell.

INGWER

Bei *Ingwer (Ginga Root)* handelt es sich um den Wurzelstock einer Pflanze, deren botanisch-lateinische Bezeichnung *Zingiber officinale* lautet. Sie kommt ursprünglich aus Südostasien, ist in fast allen tropischen Ländern verbreitet und wird mittlerweile aber auch in China, in der Karibik und in den USA angebaut.

Der Ingwer-Wurzelstock spielte schon seit der Antike in der chinesischen und indischen Medizin eine große Rolle. In einigen tropischen Ländern wird er traditionell als Mittel zur Bekämpfung der Bilharziose (ansteckende, tropische Krankheit) angewendet.

In der asiatischen Küche kennt man *Ingwer* vor allem als Gewürz. Auch in der Lebensmittelindustrie findet *Ingwer* bei der Herstellung von Ginger Ale (Ingwerbier) seine Anwendung.

Wirksamer Bestandteil des Ingwerwurzelstocks ist sein zähflüssiger Balsam (Oleoresin). Dieser besteht aus ätherischen Ölen und Scharfstoffen - den Gingerolen und Shoagolen.

Die Scharfstoffe wirken ausgezeichnet gegen Brechreiz (daher die vorzügliche Wirkung bei der Reisekrankheit).

Außerdem fördert *Ingwer* die Speichel-, Magensaft- und Gallebildung, und unterstützt die Darmfunktion. Auch eine bakterien- und pilztötende Wirkung geht von *Ingwer* aus.

In der Ayurvedischen Medizin wird *Ingwer* für die Migränebehandlung angewendet. In der Landwirtschaft ist das Ingweröl ein probates Mittel gegen Kartoffelkäfer.

INKABAUM

Die Innenrinde des *Inkabaums (Lapacho, Pau d´Arco Tabebula heptaphylla)* war schon immer ein Allround-Heilmittel der Inkas. Erst in der zweiten Hälfte des zwanzigsten Jahrhunderts wurde *Lapacho* auch von den Wissenschaftlern und Medizinern des Abendlandes entdeckt. In Europa ist der *Inkabaum* bisher weitgehend unbekannt. In Südamerika wird er schon seit den Mayas verwendet. Wirksame Substanzen sind vor allem die Naphthochinoaderivate wie Lapacho und Lapachone, die immunstimulierende und antibakterielle Eigenschaften haben.

KANADISCHE GELBWURZ

(Goldenseal root, Hydrastis canadensis) oder *Orangenwurz* ist eine ausdauernde Staude, die in Ihrem natürlichen Verbreitungsgebiet in humusreichen Böden an schattigen Stellen in Wäldern des östlichen Kanadas und der USA wächst.

Kanadische Gelbwurz hat eine enge Beziehung zu den Schleimhäuten und wird eingesetzt gegen dicke, gelbliche, zähe Sekrete und bei Schwächezuständen.

Ein weiterer Schwerpunkt dieser Pflanze ist die Leberwirkung. Ihre Domäne liegt dabei in einer Wiederbelebung der körpereigenen Entgiftungsleistung. Dr. Konstantin Hering, amerikanischer Arzt, schreibt dazu: „Bei Krebs beseitigt es die Schmerzen, modifiziert das Sekret, indem es den abstoßenden Geruch nimmt, und verbessert den allgemeinen Gesundheits-zustand in ausgeprägtem Maße“.

KATZENKRALLE

(Cat´s Claw, Uncaria tomentosa) ist eine in Südamerika vorkommende Lianenart (Klimmstrauch).

In den Achseln der paarweise angeordneten Blätter befinden sich gekrümmte Halte- oder Kletterorgane. Diese scharfen, gekrümmten Dornen gaben den Pflanzen den spanischen Namen *Uña de Gato = Katzenkralle*. Ohne diese Kletterhilfen fände die Liane keinen Halt in den haushohen Urwaldbäumen.

Katzenkralle

Die wichtigsten Inhaltsstoffe der *Katzenkralle* sind Oxindolalkaloide (OA), von denen es verschiedene Formen mit unterschiedlichen Wirkungen gibt. Die pentazyklischen OAs stärken z. B. die Immunabwehr der Zellen, indem sie auf die menschlichen T- und B-Lymphozyten einwirken.

Insbesondere zur Behandlung von Störungen des Immunsystems, rheumatischen Erkrankungen, viralen und bakteriellen Infektionen sowie bei Tumoren und Allergien wird die *Katzenkralle* von den indianischen Heilern eingesetzt.

Die Anwendung für den Verdauungstrakt, Blase und Nieren erfolgt innerlich; bei Wunden und äußeren Verletzungen äußerlich durch Umschläge.

Erst in der zweiten Hälfte des 20. Jahrhunderts wurde die Pflanze genauer untersucht. Wissenschaftliche Prüfungen wurden in Europa, Peru, USA und Japan durchgeführt. Dabei konnten die Erkenntnisse aus jahrhundertelanger volksmedizinischer Erfahrung bestätigt werden.

KÜRBISSAMEN

(Pompkin Seed, Cucurbita) zeigt entzündungshemmende, entwässernde und antioxidative Wirkung und wird seit vielen Jahren bei Reizblase und Blasenentleerungsstörungen sowie bei gutartiger Prostatavergrößerung in den Stadien I und II genutzt.

Kürbissamenextrakte hemmen die Prostaglandinsynthese. Prostaglandin ist eine in nahezu jedem Organ vorkommende Substanz mit vielfältigen Eigenschaften. Neben der zellschützenden Funktionen ist Prostaglandin u. a. an der Entstehung von Fieber, Entzündungen und Schmerzen beteiligt. Bei der gutartigen Prostatavergrößerung spielt Prostaglandin eine entscheidende Rolle.

Die Wirkung von Kürbissamen- oder Kürbiskernextrakten wurde in mehreren Studien nachgewiesen. Es zeigte sich eine deutliche Beschwerden-Verbesserung bei der Blasenentleerung gegenüber Placebo. Auf der IPSS-Skala (Skala zur Abschätzung der Therapieansprechbarkeit - International Prostate Symptom Score), zeigten sich Verbesserungen von 65 % gegenüber Placebo von 54 %!

Kürbis

LÖWENZAHN

(Dandelion Root, Taraxacum officinale) steht auf fast jeder Wiese und erfreut uns im Frühling mit gelbleuchtenden Blüten.

Nur wenige wissen, dass *Löwenzahn* eine vorzügliche Heil- und auch Küchenpflanze ist.

Zu den wichtigsten Inhaltsstoffen gehören vor allem Bitterstoffe (z.B. Eudesmanolide), Triterpene (Taxasterolderivate), Sterole, Carotinoide, Inulin und Kalium.

Löwenzahn wird vor allem als mildes Gallenmittel, Diuretikum (harntreibend) und zur Appetitanregung eingesetzt.

Auch bei Leberbeschwerden und dyspeptischen Symptomen leistet *Löwenzahn* gute Abhilfe, indem er die Funktion der Verdauungsorgane verbessert.

MÄUSEDORN

(Butchers Broom, Ruscus aculeatus) wurde in der Antike nicht nur zu Heilzwecken verwendet. Die Zweige des Strauches wurden auch zum Fleisch gehängt, um es mit dieser Art Stacheldraht vor gefräßigen Ratten zu schützen. Man nimmt an, dass dies der Pflanze ihren Namen eingebracht hat.

Mäusedorn-Inhaltsstoffe reduzieren wirksam die Wanddurchlässigkeit der feinsten Blutgefäße (Kapillaren), erhöhen die Wandspannung der Venen und bekämpfen Entzündungen - daher der therapeutische Einsatz z.B. bei Ödemen, Wadenkrämpfen, Krampfadern und Hämorrhoiden.

MARIENDISTEL

(Carduus Marianus, Silimarin) kommt ursprünglich aus dem Mittelmeerraum und wird bereits seit der Antike genutzt.

Ihren Namen verdankt die *Mariendistel* einer alten Legende, die erzählt, dass die weißen Flecken auf den Blättern von der Milch der Jungfrau Maria stammen. Früher glaubte man, dass das Aussehen einer Pflanze Hinweise auf deren Verwendung liefere. Daher wurde *Mariendistel* im Mittelalter stillenden Frauen empfohlen. Zusätzlich verwendete man sie bei Weißfluss und Seitenstechen sowie bei Lungen- und vor allem Leberleiden.

Mariendistel enthält die wirksamen Substanzen Silymarin und Silibinin. Diese wirken als Radikalfänger, fördern die Produktion körpereigener Eiweiße in der Leber (Proteinsynthese) und stabilisieren die Zellmembranen und

Löwenzahn

hemmen in den Zellen die Aufnahme von Toxinen.

Mariendistel-Extrakte haben sich bewährt zur Prävention von Leberleiden und zur Behandlung von chronisch-entzündlichen Lebererkrankungen, Leberzirrhose und toxischen Leberschäden.

Doppelblindstudien belegen, dass Mariendistel-Präparate bei mehrjähriger Anwendung die Überlebensquote von Patienten mit Leberzirrhose verdoppeln! Aufgrund antioxidativer Eigenschaften scheinen Mariendistel-Präparate sogar hemmend auf die Entwicklung von bösartigen Tumoren zu wirken.

MUTTERKRAUT

Vom Aussehen ähnelt *Mutterkraut (Feverfew, Tanaceteum parthenium)* unserer

Kamille. Ähnlich wie diese findet man es auch an Wegen, Zäunen und auf Schutthalden.

Das zierliche, hübsche Gewächs kann auf eine jahrtausendlange „Karriere" zurückblicken. Aus Kleinasien stammend, hat es sich schon bei den alten Griechen gegen Frauenbeschwerden einen guten Namen gemacht. Im Mittelalter hat man es dann vor allem zur Fiebersenkung verwendet. Sicher ein Grund, weshalb es in England noch heute „feverfew" heißt und als *Aspirin* des 18. Jahrhunderts galt.

Die aktiven Inhaltsstoffe des *Mutterkrauts* wirken auf die Blutplättchen und verhindern, dass der Gehirnbotenstoff Serotonin ausgeschüttet wird. Serotonin steht nämlich im Verdacht, durch seine Wirkung auf die Durchblutung der Gefäße im Gehirn, Migräne auszulösen. Unkontrollierte Serotonin-Ausschüttungen zu vermeiden, ist daher ein wichtiges Ziel in der Migränevorbeugung.

Zur Prävention von Migräneanfällen muss die Einnahme von *Mutterkraut*-Supplementen über mehrere Wochen regelmäßig erfolgen. Nur so kann sich langsam ein Wirkstoffspiegel im Blut aufbauen, der dann konstant bleibt und auch hilft.

OLIVENBLATT

Seinen Namen als Lebensbaum trägt der *Olivenbaum (Olea europapea)* schon lange. Dass aber auch seine Blätter *(Olive Leaf)* Heilwirkung besitzen, ist für viele noch unbekannt.

Die alten Ägypter verwendeten Olivenblätter bei der Einbalsamierung ihrer Könige und nutzten so vermutlich als Erste die antibakteriellen und antimykotischen Eigenschaften dieses Baumes, um den Leichenzersetzungsprozess durch Mikroorganismen zu stoppen.

In späteren Kulturen wurden *Olivenblätter*-Tees und -Auszüge als ein beliebtes Volksmittel verwendet, um Fieber zu senken.

Hildegard von Bingen behandelte Verdauungs beschwerden mit einem Tee aus *Olivenblättern.* Anfang des 19. Jahrhunderts heilten spanische Wundärzte mit einer ähnlichen Teemischung zahlreiche Soldaten im Krieg, die unter Fieber litten.

Zu Beginn des 18. Jahrhunderts konnte der Mediziner Etienne Pallas zum ersten Mal einen Wirkstoff aus den *Olivenblättern* isolieren, den er *Vauqueline* nannte - eine bittere Substanz mit fiebersenkenden Eigenschaften, die später einige Ärzte im Kampf gegen Malaria nutzten.

Die erste formale Dokumentation, welche die Verwendung des *Olivenblattes* bei der Heilung von Fieber und Malaria beschreibt, erschien um 1850. Ein einfaches aus *Olivenblättern* hergestelltes Heilmittel wurde vier Jahre später im „Pharmaceutical Journal" vorgestellt.

Die wichtigste Wirksubstanz ist jedoch das *Oleuropein.* Diese wird vom Olivenbaum produziert, um ihn beständig gegen Insekten und Bakterien zu schützen.

Olivenblätter enthalten pro Gramm Trockengewicht zwischen 60 bis 90 mg *Oleuropein.* Dieser Stoff ist eine Phenolverbindung und gehört zu der Iridoid-Gruppe. Durch die Abspaltung von Wasser zerfällt *Oleuropein* in zwei weitere Substanzen. Eine davon, die *Elenolsäure*, wirkt stark antimikrobiell. Die zweite heißt *Diphenylethylen* (DPE) und hemmt die Bildung von Enzymen, die eine Schlüsselrolle bei der Entstehung von Entzündungen, Arteriosklerose und sogar von Krebs spielen.

Ferner vermindert *Oleuropein,* dass die Blutplättchen verklumpen und beugt somit einer Thrombose vor.

PREISELBEERE

Seit mehr als 300 Jahren sind die Vorzüge der *Preiselbeere (Vaccinum vitiidaea)* bzw. ihrer amerikanischen Verwandten - der *Cranberry* - bekannt.

Ihren Namen erhielt die Beere von englischen Einwanderern: Wegen ihrer schnabelförmigen Blüte wurde sie *Crane Berry (Kranichbeere)* genannt, woraus später Cranberry wurde.

Die indianischen Ureinwohner Amerikas wussten die herbe, rote Frucht aufgrund ihres hohen Nährwertes und gesundheitsfördernder Eigenschaften (insbesondere im Bereich der Harnwege) zu schätzen.

Im 12. Jahrhundert empfahl *Hildegard von Bingen* die Anwendung der *Preiselbeeren* bei schmerzhafter Regel der Frau.

Amerikanische Seefahrer nahmen große Mengen *Preiselbeeren* mit auf See, um den Vitamin-C-Bedarf zu decken und somit dem gefürchteten Skorbut vorzubeugen.

Dank ihres besonderen Geschmacks hat *Cranberry* bis heute einen festen Platz in der Nordamerikanischen Küche.

Außer dem reichlich vorhandenen Vitamin C wirken die pflanzlichen Farbstoffe Anthocyane und Flavonoide ausgesprochen antioxidativ. Diese bioaktiven Substanzen dienen als Radikalfänger und wirken Hautalterung, grauem Star, Hautkrebs und Herz-Erkrankungen entgegen. Bei Diabetes ist eine blutzuckerregulierende Wirkung bekannt.

Besonders reich vertreten in *Kulturpreiselbeeren* ist das Flavonoid Querzetin. Es hemmt nachweislich das LDL-Cholesterin, das Arteriosklerose und damit die Risiken für Herzinfarkt und Schlaganfall begünstigt. Der Gehalt an diesem effektiven Oxidationsschutzwirkstoff in der *Preiselbeere* ist nahezu unübertroffen: 25 mg/100 g!

Supplemente aus *Preiselbeeren* sind in der Lage, die Anzahl von Harnwegsinfekten deutlich zu reduzieren! Die in den Beeren enthaltenen Proanthocyane verhindern, dass sich die Darmbakterien *Escherichia coli*, die über 80 % aller Harnwegsinfekte ausmachen, an die Zellen von Blase und Niere anheften können - sie werden ausgeschwemmt und verringern oder verhindern so die Infektion.

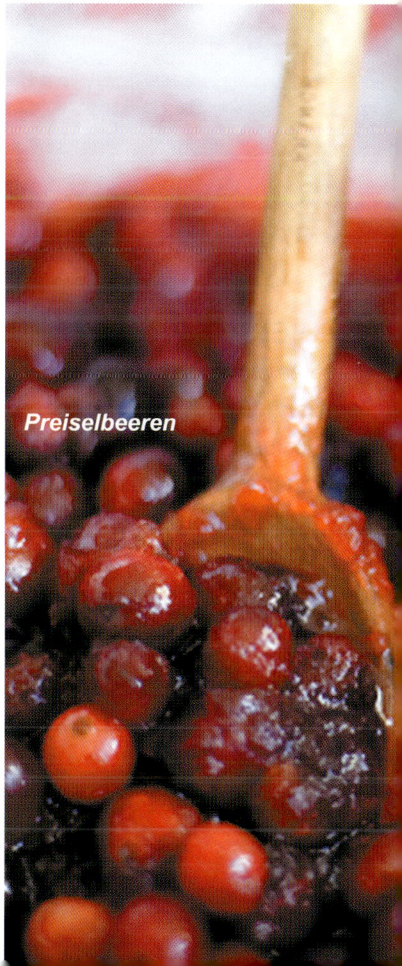
Preiselbeeren

SÄGEZAHNPALME

(Saw Palmetto, Serenoa repens) ist eine kurzstämmige Buschpalme mit kriechendem Wurzelstock und fächerförmigen Blättern. Die Sägezahnpalme ist in den küstennahen Südstaaten Nordamerikas heimisch. Sie wächst auf sandigen Böden in Dünen und Kiefernwäldern.

Für die Droge werden die unvollständig getrockneten reifen Früchte verwendet.

Extrakte der Sägezahnpalme vermindern die Umwandlung von Testosteron in Dihydrotestosteron (DHT). Erhöhte DHT-Werte führen zu Prostatavergrößerung und begünstigen möglicherweise auch Krebs.

Sägezahnpalmfrüchte werden auch zur Behandlung von Blasen-, Prostata- und Hodenentzündungen sowie Erkrankungen der Atemwege verwendet.

SÜSSHOLZ

Die heilende Wirkung der *Süßholzwurzel (Lakritze, Liorice Root, Glycyrrhiza glabra)* war schon den alten Ägyptern bekannt. Die Skyther nutzten die wasserretinierende Wirkung des *Süßholzes*, um in der Wüste länger mit Wasser auszukommen.

Internationale Dokumentationen belegen die Wirksamkeit der *Süßholzwurzel* bei Infektionen wie Herpes Simplex, Varicella-Zoster-Virus, Hepatitis-B.

In Japan wird die *Süßholzwurzel* zusammen mit der *Pfingstrose* angewendet, um bei Frauen die reguläre Ovulation auszulösen. Untersuchungen ergaben, dass diese Drogenkombination speziell bei den Formen von Unfruchtbarkeit wirksam ist, bei denen ein erhöhter Testosteronspiegel vorliegt.

Ferner wird unterstützend die entkrampfende, gallentreibende und entzündungshemmende Eigenschaft der *Süßholzwurzel* bei Beschwerden im Verdauungstrakt genutzt.

TAIGAWURZEL

Die *Eleutherokokkuswurzel* wird auch als *sibirische Ginsengwurzel* bezeichnet.

Unabhängigen Untersuchungen zufolge haben sich *Taigawurzel*-Extrakte besonders bei akuten Infektionskrankheiten gut bewährt. Die Wirkstoffe mobilisieren das Immunsystem und stärken den Organismus gegen Stressfaktoren sowie wiederholt auftretende Krankheitserreger, die Infekte auslösen.

Taigawurzel

In klinischen Studien förderte Taigawurzelextrakt die Bildung von Antikörpern und wies eine direkte antivirale Wirkung auf behüllte und unbehüllte RNA-Viren auf, die in der kalten Jahreszeit für Infektionen der oberen Luftwege verantwortlich sind.

Taigawurzel-Extrakte normalisieren und regulieren zudem sowohl zu schwache als auch zu starke Reaktionen des Immunsystems (wie das z.B. bei allergischen Reaktionen der Fall ist) und gelten somit als „immunmodulierend".

Die *Taigawurzel* ist auch ein „Adaptogen", das im Organismus die Widerstandsfähigkeit bei Belastungen erhöht. Dies geschieht durch eine gezielt positive Einflussnahme auf die komplexen Interaktionen zwischen dem Nerven-, Immun- und dem Hormonsystem.

Der Begriff „Adaptogen" geht auf die Stressforschung zurück. Der Mensch verfügt über angeborene Anpas-sungsmechanismen, die auf diverse Stressoren physischer wie auch psychischer Art reagieren. Diese Reaktionen können mittels eines Adaptogens wie die *Taigawurzel* zusätzlich intensiviert werden.

TEUFELSKRALLE

Die Wirkung der *Teufelskralle (Devil´s Claw, Harpagophytum procumbensi)* ist schon lange bekannt.

Ihren Namen verdankt die *Teufelskralle* ihrer „Anhänglichkeit". Kleine Widerhaken an den Früchten heften sich an vorbeistreifende Menschen und Tiere und tragen so zur Verbreitung dieser Pflanze bei.

Anfang des 20. Jahrhunderts erlernte ein deutscher Soldat von afrikanischen Heilkundigen den therapeutischen Einsatz der *Teufelskralle*. Die wissenschaftliche Erforschung ihrer relevanten Bestandteile erfolgte ab 1930 durch Otto Heinrich Volk (1903 - 2000).

Die *Teufelskralle* wirkt entzündungshemmend und schmerzlindernd. Außerdem hemmt sie Eiweiß abbauende Enzyme im Gelenkknorpel und wird dadurch zur Behandlung von Arthrose und Gelenkschmerzen eingesetzt.

Die Bitterstoffe, die reichlich in der *Teufelskralle* vorhanden sind, regen außerdem die Magensaftsekretion und Galleproduktion an und werden daher bei Appetitlosigkeit und Verdauungsbeschwerden verwendet.

Wie bei vielen Pflanzen ist auch bei der *Teufelskralle* der Gesamtextrakt wirksamer als einzelne isolierte Inhaltsstoffe. Auch ist noch nicht endgültig bekannt, welche der Inhaltsstoffe letztlich für die Wirkung entscheidend sind.

Die Behandlungserfolge mit der *Teufelskralle* bei verschleißbedingten Erkrankungen wie Rückenschmerzen oder Arthrose stellen sich meist erst nach einer Einnahmezeit von mehreren Wochen ein.

Weihrauch

WEIHRAUCH

(Olibanum, Boswellia serrata), der früher zu den kostbarsten Handelsgütern überhaupt zählte, hat in den Religionen der meisten Völker der Antike eine bedeutende Rolle gespielt.

Der Name *Olibanum* bezieht sich auf den weißen Milchsaft, insbesondere auf die Farbe des frischen Harzes, der beim Einschneiden der Baumrinde verschiedener Weihraucharten gewonnen wird.

Nach alten Überlieferungen sollen Juden nicht nur mit Myrrhe, sondern auch mit *Weihrauch* versetzten Wein zur Betäubung der zur Hinrichtung verurteilten Menschen verwendet haben, um sie gegen Schmerzen unempfindlich zu machen.

Als Heilmittel wird *Weihrauch* schon in den Hippokratischen Schriften erwähnt.

In der Indischen Medizin wird der Harz aus *Boswellia serrata* seit mehr als 3000 Jahren bei unterschiedlichen entzündlichen Erkrankungen und bei Nervenleiden eingesetzt.

Das Interesse der Wissenschaft galt in den letzten Jahren den im *Weihrauch* reichhaltig vorhandenen Boswellinsäuren, die starke entzündungshemmende Eigenschaften aufweisen, insbesondere in Bezug auf die Schleimhäute.

Praxiserfahrungen belegen die Wirksamkeit von Weihrauch bei entzündlichen Katarrhen der oberen Atemwege, bei Blasen-Nieren-Entzündungen und Gicht.

Eine Studie aus Indien bestätigt die positive Wirkung des *Weihrauchs* bei Colitis ulcerosa (entzündliche Darmerkrankung). Internationales Aufsehen erregten 1996 die Untersuchungen von Simmet, Heldt und Winking zur Wirkung von alkoholischem Weihrauchextrakt auf bestimmte Arten der Hirntumore.

Weißdorn

WEISSDORN

(Hawthorn Berry, Crataegusoxyacanthal) gehört zu den Rosengewächsen und trägt auch die volkstümlichen Bezeichnungen *Heckendorn, Hagedorn* oder *Zaundorn*.

Weißdorn wächst an lichten Gebüschen, in Hecken, Laubwäldern und sonnigen Hängen.

Blüten, Blätter und Früchte werden unmittelbar nach der Ernte getrocknet und verarbeitet.

Zu den wichtigsten Inhaltsstoffen gehören diverse *Flavonoide*, *oligomere Procyanidine* und *biogene Amine*. Doch erst das Zusammenwirken aller einzelnen Bestandteile macht *Weißdorn* so wirksam.

Weißdorn gehört zu den wirksamsten Herz- und Kreislaufmitteln, die lange volksmedizinisch und auch in der Schulmedizin genutzt wurden.

Heute findet *Weißdorn* einen Einsatz bei:

- Herzschwäche mit Atemnot, Wasseransammlung, Herzrhythmusstörungen, Erschöpfung und Vergrößerung des Herzmuskels
- Herzmuskelschwäche nach Infektionskrankheiten
- Nachbehandlung von Herzinfarkten

Besonders ältere Personen profitieren von Weißdorn. Die beste Wirkung entwickelt *Weißdorn* erst bei langfristiger Anwendung.

Die Art der Einnahme, die Höhe der Dosierung und die Dauer der Anwendung mit *Weißdorn* sollte mit einem heilkundigem Therapeuten geklärt werden.

WEITERE VITALSTOFFE

Neben Vitaminen, Mineralstoffen und Aminosäuren spielen auch andere Substanzen eine wichtige Rolle für eine optimale Funktion unseres Organismus.

ALPHA-LIPONSÄURE

Die körpereigene Substanz *Alpha-Liponsäure* unterstützt die Funktion von Enzymen in den Zellen. Darüber hinaus fängt sie freie Sauerstoffradikale ab und gehört zu den wirksamsten Antioxidantien.

Der besondere Clou: Als Antioxidans entwickelt *Alpha-Liponsäure* ihre antioxidative Wirkung sowohl im wässrigen wie auch im lipoiden (fetthaltigen) Milieu.

Alpha-Liponsäure wird direkt aus der Nahrung aufgenommen und anschließend schnell in Magen, Dünndarm, Dickdarm und danach im Gewebe in DHLA (DiHydroLiponAcid) umgeformt. Dieses Redoxpaar arbeitet nicht nur antioxidativ, sondern bindet sich auch an viele Schwermetalle und ermöglicht ihre Ausleitung. Weiter bildet es synergistische Verbindungen mit anderen Antioxidantien und verstärkt deren Wirkung gegen freie Radikale.

Da wir nur eine geringe Menge der *Alpha-Liponsäure* über bestimmte Nahrungsmittel wie Spinat, Kartoffeln und rotes Fleisch aufnehmen, ist eine extra Zufuhr dieser bemerkenswerten Moleküle besonders zu empfehlen, um nach Möglichkeit eine optimale Gesundheit zu gewährleisten.

Von *Alpha-Liponsäure* profitieren vor allem Zuckerkranke mit Missempfindungen bei der diabetischen Nervenschädigung (diabetische Polyneuropathie).

Alpha-Liponsäure verbessert nachweislich die Nervenleitgeschwindigkeit und den endoneuralen Blutfluss, dies kann die Schmerzen und das Kribbeln in den Beinen reduzieren.

Die internationale SYDNEY-Studie bestätigte die Besserung der Symptome bei diabetischer Polyneuropathie durch *Alpha-Liponsäure*.

CHLORELLA

Chlorella pyrenoidosa ist eine einzellige Süßwasser-Mikroalge, die zu den ältesten Lebensformen dieser Erde zählt. Ihr Chlorophyllgehalt, durch den sie ihren Namen erhielt, ist wesentlich höher als bei allen anderen Lebensmitteln, einschließlich grünem Gemüse und Obst.

Der grüne Pflanzenfarbstoff Chlorophyll (Blattgrün) ist für seine regenerierende Wirkung bekannt. Chlorella ist reich an Zellulose, die zu den Ballaststoffen gehört, die besonders wichtig für die Verdauung sind.

Chlorella ist ein wertvolles, basisches Lebensmittel. In konzentrierter Form liefert sie unserem Körper wichtige Substanzen, z. B. vollwertiges, pflanzliches Eiweiß mit allen essentiellen Aminosäuren, Mineralstoffe (z. B. Magnesium und Kalium), Spurenelemente) Mangan, Eisen, Zink), zahlreiche Vitamine (z.B. C, E, Vitamin B-Komplex), sekundäre Pflanzenstoffe, Omega-6- und Omega-9-Fettsäuren und Polysaccharide.

Seit über 40 Jahren wird *Chlorella* in den meisten Industrienationen, vor allem in Japan, als Nahrungsergänzung genutzt.

Chlorella ist in der Lage, mit Hilfe des körpereigenen Stoffes „Sporopollein“, der sich in der mittleren Zellwand befindet, die meisten toxischen Schwermetalle, radioaktive Substanzen, Arzneimittelrückstände, Formaldehyd und Holzschutzmittel zu binden. Ein Grund, weshalb immer mehr naturheilkundliche Therapeuten Chlorella zur Entgiftung und Ausleitung, z.B. von Amalgam, einsetzen.

Um den Therapieerfolg bei einer Entgiftungskur zu optimieren, sollte *Chlorella* in der Anfagsphase möglichst hoch dosiert werden. Eine Überdosierung mit *Chlorella* ist nicht möglich, da diese Alge als ausgezeichneter Ballaststoff wieder ausgeschieden wird.

Im Gegensatz zu Meeresalgen ist der Jodanteil bei *Chlorella* sehr gering. Dadurch ist eine Überversorgung mit Jod nicht zu befürchten.

Neben den bekannten entgiftenden Eigenschaften stärkt *Chlorella* den Körper bei Krebs, hilft das Immunsystem zu aktivieren und die negativen Folgen von Stress zu reduzieren.

COENZYM Q10

Vor mehr als 40 Jahren wurde das *Coenzym Q10* von Fred L. Crane entdeckt. Für seine Forschung über die bedeutende Rolle von *Q10* bei der Energiegewinnung erhielt der britische Wissenschaftler *Peter Mitchell* 1978 den Nobelpreis.

Ubiquinon, auch als *Coenzym Q10* bezeichnet, ist eine vitaminähnliche, körpereigene Substanz, die für den Menschen lebensnotwendig ist. Es wird teils mit der Nahrung aufgenommen, teils vom Körper selbst produziert.

Q10 ist in allen menschlichen Zellen vorhanden und für die Energiegewinnung verantwortlich. 95% der gesamten Körperenergie werden mit *Q10* aktiviert!

Die höchste *Q10*-Konzentration weisen Organe mit dem größten Energiebedarf auf wie Herz, Lunge, Gehirn oder Leber. *Q10* reichert sich in den Mitochondrien dieser Organzellen an. Damit erklärt sich auch der enorme therapeutische Nutzen von *Q10* bei nachlassender Funktion dieser Organe.

Bei ausgewogener Ernährung ist unserer Körper in der Lage, selbst ausreichend *Q10* zu produzieren. Mit zunehmendem Alter ist der Bedarf erhöht und kann größtenteils über die Nahrung nicht mehr gedeckt werden (der Tagesbedarf von *Q10* wird auf 30 mg geschätzt). Bereits ein 25%-iges Defizit an *Q10* kann zu verschiedenen Krankheiten führen! Das Problem wird noch verstärkt durch belastende Faktoren wie das Rauchen, Alkoholkonsum, Stress, starke körperliche Beanspruchung oder chronische Krankheiten wie Diabetes, koronare Herzkrankheiten und Krebs.

Coenzym Q10 hat eine positive Wirkung bei Erkrankungen wie Parkinson, Alzheimer, Altersdemenz, Muskelschwäche, Tumorerkrankungen, Arteriosklerose, Apoplexie, Herzschwäche und nach Herzinfarkt. Infarktpatienten sind bei einer Zufuhr von *Q10* spätestens 72 Stunden nach Auftreten der ersten Symptome weniger gefährdet einen nachfolgenden Infarkt zu bekommen als Patienten ohne *Q10*-Gaben. Allerdings sollte ein Wirkspiegel von *Coenzym Q10* im Blut von mind. 2,5 µg/ml erreicht werden. Dies wird erzielt durch eine bedarfsgerechte Dosierung von 3 bis 10 mg/kg Körpergewicht.

COLOSTRUM

Die erste Milch, welche die Kuh unmittelbar nach dem Kalben für ihren Nachwuchs gibt, ist besonders reich an Immunglobulinen, Wachstumsfaktoren, Vitaminen, Mineralstoffen, Enzymen und Aminosäuren.

Diese Erstmilch - *Colostrum* - schützt das neugeborene Kalb vor Infektionen und versorgt es mit den wichtigsten Stoffen, die für das gesunde Wachstum und den Aufbau aller Körpersysteme notwendig sind. Ein Kalb, dem die Erstmilch vorenthalten wird, überlebt entweder nicht oder wird öfters und länger krank.

Mit *Colostrum* erhält der Organismus die wichtigsten Botenstoffe in Molekülform, die für den gesunden, ausgewogenen Zellstoffwechsel und sämtliche Organfunktionen unentbehrlich sind.

Colostrum unterstützt das Immunsystem und verleiht dem Körper mehr Energie, Kraft und Ausdauer. Es schützt vor allem vor Krankheiten des Magen-Darmtraktes und enthält dem Insulin ähnliche Faktoren, die eine effiziente Verbrennung von Körperfett und die verbesserte Bildung von Muskelmasse in Wachstumsperioden sicherstellen.

Verschiedene Typen von Immunglobulinen kommen nur in der Erstmilch für Säugetiere in hohen Konzentrationen vor. Zahlreiche bioaktive Inhaltsstoffe des *Colostrums* wie Laktatperoxidase, Lysozyme und Laktoglobulin entfalten eine umfangreiche Wirkung gegen krankmachende Bakterien und Viren im Verdauungstrakt.

Wachstumsfaktoren beeinflussen den Zellstoffwechsel, das Zellwachstum, die Erneuerung von Zellen und die Zellalterung. Das synergistische Zusammenwirken dieser einzigartigen Wachstumsfaktoren regt die Ausreifung und Entwicklung der Darmschleimhaut an.

Die Gabe von *Colostrum* stellt ernährungsphysiologisch eine sinnvolle Maßnahme dar, die begleitend zu naturheilkundlichen Therapien genutzt werden kann.

IPRIFLAVONE

Ipriflavone gehören zu den bioaktiven Substanzen, die (wie Isoflavonoide und Lignane) als Phytoöstrogene bezeichnet werden.

Durch ihre Struktur können Phytoöstrogene an die Rezeptorstellen der Zellen andocken und dort entweder hormonähnliche Wirkungen auslösen oder aber die Rezeptorstellen blockieren und damit verhindern, dass sich Hormone oder andere Stoffe anbinden. Dadurch machen sich auch die vielen positiven Wirkungen der *Ipriflavone* bemerkbar: Sie wirken günstig auf die Gesunderhaltung von Herz, Knochen und Brust, und werden immer häufiger anstelle einer Hormon-Ersatz-Therapie bei Frauen (mit synthetischen Östrogenen) eingesetzt.

ISOFLAVONE

Isoflavone, auch *Isoflavonoide* genannt, sind eine Gruppe von Flavonoiden. Sie kommen insbesondere in Sojabohnen und anderen tropischen Hülsenfrüchten vor. Flavonoide werden zu den sekundären Pflanzenstoffen gerechnet, d.h. zu den Stoffen ohne Nährwert (im Gegensatz zu Fetten, Eiweißen und Kohlenhydraten).

Wie bei den Lignanen zeigen *Isoflavone* wegen ihrer chemisch-strukturellen Ähnlichkeit zu den Ketosteroidhormonen (Östrogen, Androgene) in hohen Dosen eine schwache geschlechtshormonelle Wirkung auf den Menschen. Sie werden daher auch *Phytoöstrogene* genannt.

In der Alternativmedizin wird der Verzehr von Flavonoiden oder Soja-Präparaten in den Wechseljahren empfohlen, allgemein gegen Altersbeschwerden und auch zur Vorbeugung von hormonanhängigen Krebserkrankungen wie Brust- oder Prostatakrebs.

Die Wirkung der *Soja-Isoflavone* untersuchten Wissenschaftler am Department of Food Science and Nutrition der University of Minnesota in den USA. Dabei nahmen Frauen mit normalem bis leicht erhöhtem Cholesterinspiegel in drei Zyklen, die jeweils 93 Tage dauerten, entweder

7,1 mg (Kontrollgruppe), 65 mg oder 132 mg Isoflavone pro Tag zu sich. Die Studie zeigte, dass eine Erhöhung der *Soja-Isoflavone*-Dosis den positiven Effekt auf den Blutfettspiegel begünstigt: So senkte die tägliche Aufnahme von 132 mg *Soja-Isoflavonen* den LDL-Spiegel um 6,5 %. Dieses Ergebnis ist insofern von großer Bedeutung, da frühere Studien keine eindeutige Aussage zum Effekt von *Isoflavonen* auf den Blutfettspiegel zuließen.

KELP

Kelp gehört zu den Braunalgen, speziell zur Ordnung der Laminariales und wird vor allem wegen seines hohen natürlichen Jodgehaltes geschätzt.

Kelp wächst in großen Ansammlungen unter Wasser (Kelpwälder) im klaren, flachen Meer und benötigt nährstoffreiches, kaltes Wasser bei einer Temperatur von unter 20°C. *Kelp* ist für seine hohe Wachstumsrate bekannt, die Gattung Macrocystis kann pro Tag 30 cm zulegen, bis zu einer Gesamtlänge von 30-60 m.

Kelpasche ist reich an Calcium, Jod, Algensäure, Kupfer, Natrium, Schwefel, Vitaminen A, B1, B3, B5, B6, B9, B12, C, E und Zink.

Kelp

In großen Mengen wird Kelpasche zur Herstellung von Seife und Glas verwendet. Das von *Kelp* stammende Kohlenhydrat - Alginat - wird verwendet, um Produkte wie Speiseeis, Gelee, Zahnpasta und ähnliches zu verdicken.

Kelp wird bei Erkrankungen von Nerven, Rückenmark, Hirngewebe, Schilddrüse und Arterien eingesetzt.

MSM

MSM ist die Abkürzung für *Methyl-Sulfonyl-Methan* oder auch organischen Schwefel. Unser Körper besteht nach Wasser und Natrium zum größten Teil aus gebundenem Schwefel.

MSM kommt weit verbreitet in der Natur vor, aber nur in geringen Mengen. *MSM* geht schnell verloren, wenn die Nahrungsmittel erhitzt werden oder austrocknen.

Seit Jahrhunderten weiß man, dass schwefelhaltige Heilquellen bei vielen Beschwerden Erleichterung bringen. Schwefelverbindungen werden auch als Sulfonamide zur Bekämpfung von bakteriellen Infektionen verwendet.

MSM wirkt in erster Linie entzündungshemmend, wird gegen Allergien und Autoimmunerkrankungen eingesetzt und hilft bei Erkrankungen des Magen-Darm-Traktes und des Bewegungsapparates sowie der Haut. Bei einem Schwefelmangel steigt deutlich das Risiko für einige chronische Erkrankungen.

Ferner befreit *MSM* den Körper von Giftstoffen und stimuliert den Blutkreislauf.

MSM ist für die Angleichung der essentiellen Aminosäuren *Methionin* und *Cystein* unerlässlich. Ohne die notwendige Menge an *MSM* liefern die Aminosäuren Unmengen von Baustoffen an die Drüsen, ohne dass die wichtigen Enzyme dabei produziert werden.

MSM ist für die Synthese von Kollagen unerlässlich und an der Bildung von Haut, Haaren und Nägeln beteiligt.

Praxiserfahrungen zeigen, dass *MSM* Verdauungsbeschwerden lindert, die z.B. bei parasitären Infektionen auftreten. *MSM* ist wirksam gegen Arthritis und Allergien.

Ein Überschuss an *MSM* wird wieder über die Haut ausgeschieden und bietet einen natürlichen Schutz gegen Insekten.

***Wussten Sie, dass ...* ungefähr die Hälfte des Gesamtschwefelgehaltes des Körpers sich in Muskulatur, Haut und Knochen befindet?!**

OPC

Oligomere Procyanidine oder Proanthocyanidine *(OPC)* gehören zur Gruppe der Flavanole.

1955 konnte Professor Dr. Jack Masquelier den Nachweis erbringen, dass diese Substanz in der Rinde von Pinie (Wirkstoff Pycnogenol) aber auch in den Kernen und Schalen der Weintrauben vorkommt, und dass die Flavanole vielen anderen sekundären Pflanzestoffen, z.B. *Rutin*, im Hinblick auf ihre gefäßschützende Wirkung weit überlegen sind.

OPC hat eine starke extrazelluläre Wirkung im Gegensatz zu Vitamin C mit einer starken intrazellulären Wirkung.

OPC besitzt eine nahezu 100%ige Bioverfügbarkeit.

Es wird innerhalb von Minuten über die Mund- bzw. Magenschleimhaut ins Blut aufgenommen und verteilt sich in verhältnismäßig kurzem Zeitraum in alle Organe sowie im gesamten Körpergewebe, bis hin zu Haut, Haaren und Nägeln.

OPC ist ungiftig und wird vom Körper komplett verwertet. Da *OPC* wasserlöslich ist, erreicht es bereits nach 45 Minuten seine höchste Konzentration im Blut und wird innerhalb von 72 Stunden vollständig verwertet. Das besondere daran: *OPC* kann sogar die Blut-Hirn-Schranke passieren und seine positive Wirkung im Gehirn entfalten.

OPC verstärkt die Wirkung von Vitaminen und verlängert deren Wirkungszeit. Bei ausreichender Zufuhr weist *OPC* eine um zwanzigfach höhere antioxidative Wirkung als Vitamin C und das 40-50fache Wirkungspotential von Vitamin E auf!

OPC bietet einen wirksamen Schutz gegen das vorzeitige Altern, Herz- und Kreislauferkrankungen, Krebs und degenerative Krankheiten. Es stärkt Blut- und Lymphgefäße und unterstützt den Kollagenaufbau im Organismus.

Ferner wirkt *OPC* Entzündungen sowie allergischen Reaktionen entgegen. Es fördert die Konzentration, die Denkfähigkeit und wirkt gegen die Symptome des prämenstruellen Syndroms, da es auf den gestörten Hormonhaushalt regulie rend einwirkt. *OPC* kann bei Sehschwäche und chronischem Zahnfleischbluten helfen.

SAMe

(S-Adenosylmethionin) fungiert als vitaminähnliche Substanz, die besonders die psychische Stimmung, die Gelenke und die Leber unterstützt.

SAMe ist ein natürlicher Wirkstoff, der in jeder lebenden Zelle vorkommt. Er ist an der Produktion von Neurotransmittern, die unsere Stimmung beeinflussen, im Gehirn beteiligt. Durch die verbesserte Informationsübertragung im Gehirn werden Stimmungsschwankungen ausgeglichen, Depressionen gelindert und Ängste abgeschwächt.

Die stimmungssteigernde Wirkung von *SAMe* ist wissenschaftlich bewiesen. Es unterstützt auch sehr wirksam die Regeneration der Knorpelsubstanz. Dadurch werden degenerative Gelenkbeschwerden, die zum Beispiel bei einer Arthrose auftreten, gemindert.

Darüber hinaus wurde beobachtet, dass *SAMe* die Leber in ihrer entgiftenden Funktion unterstützt. Ganz gezielt wird mit Hilfe von SAMe die Glutathionsynthese in der Leber verbessert, deren Entgiftung und Regeneration stimuliert.

Die positiven Wirkungen von *SAMe* bei Leberstörungen sind nachgewiesen. *SAMe* wird bei der Therapie von Leberzirrhose verwendet, um die negativen Auswirkungen von Alkoholkonsum und anderen Drogen zu reduzieren.

Auf der anderen Seite kann *SAMe*, insbesondere im Verbund mit Vitamin B6, B12 und Folsäure, den erhöhten Homocysteinspiegel reduzieren.

SAMe beeinflusst den essentiellen Methylierungsprozess.

In Untersuchungen und Praxiserfahrungen bei Kindern und Jugendlichen mit Hyperaktivität wurde die Aufmerksamkeit und Konzentration durch *SAMe* gesteigert. Die Symptome von Fibromyalgie konnten mit *SAMe* verringert werden.

SPIRULINA

Spirulina Mikroalgen gibt es seit 3,5 Mrd. Jahren auf unserem Planeten. Der botanische Name *Spirulina* bedeutet soviel wie *kleine Spirale*.

Spirulina Mikroalgen sind Meister der Photosynthese da sie Sonnenlicht in reine Nahrung umwandeln.

Ernährungswissenschaftler und Therapeuten entdecken heute das wieder, was Völker vergangener Zeiten als ideale, natürliche Quelle lebenswichtiger Vitalstoffe bereits lange nutzten - die Algen.

Spirulina gehört zu den wertvollsten, basischen Natursubstanzen. Sie enthält viele wichtige Vitalstoffe wie: hochwertiges, pflanzliches Eiweiß mit allen essentiellen Aminosäuren, wichtige Mineralstoffe (z. B. Calcium, Magnesium, Silicium), essentielle Spurenelemente (z.B. Zink, Eisen, Chrom), zahlreiche Vitamine (z.B. Vitamine E und D, Folsäure, Vitamin B-Komplex), sekundäre Pflanzenstoffe (z.B. Beta-Carotin und Chlorophyll).

Spirulina-Algen:

- stärken das Immunsystem und verhindern damit den Ausbruch vieler Zivilisationskrankheiten
- mobilisieren die körpereigenen Selbstheilungskräfte
- sichern auf natürliche Weise die Grundversorgung des Körpers mit allen lebenswichtigen Vitalstoffen
- fördern Vitalität, Leistungsfähigkeit und Konzentration
- beeinflussen positiv den Stoffwechsel
- senken den Cholesterinspiegel
- sind ideal bei Diät und Fastenkuren, während der Schwangerschaft und Stillzeit sowie zur Regeneration

Spirulina enthält auch das blaugrüne Pigment *Phykozyan*. Dieses erhöht die Aktivität der weißen Blutkörperchen und hält unsere Abwehrzellen funktionstüchtig. Zahlreiche Untersuchungen in den USA und Japan haben ergeben, dass *Spirulina* effektiv das Immunsystem stärkt, den Körper entgiftet und blutbildend wirkt.

QUERCETIN

Quercetin ist ein Flavonoid, d.h. ein natürliches Lebensmittelpigment, das sehr häufig in Gemüse und Rinden vorkommt. Es kann nicht vom Organismus hergestellt werden.

Untersuchungen haben günstige Wirkungen von *Quercetin* nachgewiesen. Man findet *Quercetin* in vielen Lebensmittelprodukten, Äpfeln, Zwiebeln, Tee, Beeren, Trauben, Broccoli, Blumenkohl, Kohl, einigen Getreidesorten und Nüssen.

Quercetin blockiert die Freisetzung von Allergie auslösenden Substanzen (Histamine) und lindert Entzündungssymptome durch die Reduktion von Entzündungsmediatoren. Dadurch kann der Verlauf von Atemwegsinfektionen sowie allergischem Asthma gemindert werden.

Quercetin unterstützt die Gesundheit der Kapillargefäße, indem es ihre Elastizität und Durchlässigkeit erhöht. Ferner zeigt es antivirale Eigenschaften, verhindert die Oxidation und reduziert das Arterioskleroserisiko.

Quercetin hilft wie Lutein und Zeaxantien bei der Behandlung von Katarakten und dient der Erhaltung eines gesunden Augenlichts.

CRYSTAL PLASTER

In jedem lebendigen Gewebe existiert eine kristalline Struktur. Werden Knochen und Knorpel belastet, Sehnen und Gelenkbänder gedehnt, entsteht ein elektrisches Spannungsfeld.

Durch Massage wird die Blutzirkulation beschleunigt und der Stoffwechsel angeregt. Gleichzeitig fördern die piezo-elektrisch hergestellten Ströme den Heilungsprozess an der zu behandelnden Stelle. In vielen Behandlungsmethoden bedient man sich der piezo-elektrischen Wirkung. Beispielsweise wird elektromagnetisch beschleunigtes Knochenwachstum bei komplizierten Knochenbrüchen angewandt.

Eine neu Möglichkeit bei Muskelverspannungen ist das *Crystal Plaster* mit piezo-elektrischen Kristallen, die mit dem körpereigenen elektrischen Potential reagieren!

Bei Muskelverspannungen wird in der Muskulatur eine zusätzliche elektrische Spannung aufgebaut. Das im Körper erzeugte elektrische Feld wird durch das Einwirken der Kristalle in mechanische Vibrationen umgesetzt! Folge: Verspannungen und Gelenkblockaden werden schnell und auf natürliche Weise gelöst.

Crystal Plaster wird bei Muskel- und Gelenkverspannungen Nackensteifheit, Ischialgien, Fibromyalgie, Schulter-Arm-Schmerzen, Hexenschuss und Tennisarm eingesetzt.

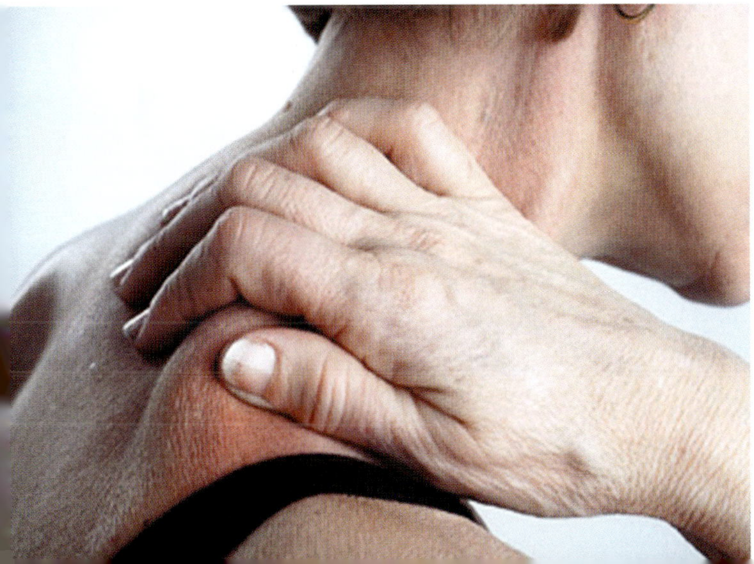

HOMÖOPATHIE

Der Begriff Homöopathie stammt aus dem Griechischen „homoion“ (= ähnlich, gleich) und „pathos“ (= Leiden, Krankheit).

Substanzen, die in hoher Dosierung normalerweise Beschwerden verursachen, werden aufbereitet und in deutlich geringerer Dosierung gegen die gleichen Symptome verabreicht. Somit entstand das Behandlungsprinzip „Ähnliches durch Ähnliches heilen“ (lat. „similia similibus curantur“).

Bereits Hippokrates in vorchristlicher griechischer Zeit und Paracelsus im Mittelalter machten sich diese „Ähnlichkeitsregel“ bei ihren Heilmethoden zu Nutze. Vor mehr als 200 Jahren wurde das homöopathische Prinzip von Samuel Hahnemann (s. Abb.) wiederentdeckt und durch Forschung und Selbstversuche ausgebaut.

Sein bekanntester Selbstversuch war das Experiment mit der Chinarinde. Er beobachtete, dass Chinarinde Fieberschübe auslöst, die der Malaria ähnlich sind. Da aber damals die Chinarinde zur Behandlung von Malaria eingesetzt wurde, schloss er daraus, dass Chinarinde wirke, weil sie malariaähnliche Symptome hervorrufe.

Die allgemeine homöopathische Regel besagt, dass das homöopathische Mittel in abgeschwächter Aufbereitung genau für die Krankheitsbilder eingesetzt wird, die das Mittel selbst in hoher Dosierung hervorrufen würde. Erstes Beispiel für die Ähnlichkeitsregel: Die Tollkirsche verursacht Halsschmerzen, Übelkeit, Benommenheit und starke Krämpfe. Homöopathisch aufbereitet in abgeschwächter Form wird die Tollkirsche (Belladonna) gegen diese Beschwerden eingesetzt. Zweites Beispiel: Der Stich der Biene erzeugt brennende Schmerzen mit Schwellungen. Leidet ein Patient z.B. unter Halsschmerzen oder Schwellungen, verordnet der Therapeut das Gift der Biene (Apis mellifica), jedoch in einer aufbereiteten Form mit geringerem Wirkstoffgehalt. Dieses homöopathische Aufbereiten nennt man „Potenzieren“.

Samuel Hahnemann

Es wird somit wahrscheinlich auch ein Reiz gesetzt, der die Selbstheilung des Körpers mobilisiert.

Ganz anders behandelt die klassische Schulmedizin, die Allopathie, (griechisch: „allo“ = anders, entgegen). Diese setzt bei Halsbeschwerden Mittel ein, die *gegen* die Halsschmerzen wirken, z.B. Schmerzmittel oder Antibiotika.

Samuel Hahnemann scheint für sich gute Erfahrungen mit der Homöopathie gemacht zu haben. Er erreichte das 88. Lebensjahr, was für die damalige Zeit eine Seltenheit war. Er starb hochangesehen 1843 in Paris nach einem erfüllten Leben.

Sein Gesamtwerk *Organon* wurde 1810 veröffentlicht. Darin wurden der Ähnlichkeitsregel die Arzneimittelprüfung angefügt.

Die Homöopathie wurde in den Folgejahren zur Erfahrungsmedizin. Das Arzneimittelbild vieler Pflanzen, Mineralstoffe und tierischer Produkte wurde sorgfältig ermittelt, der Patient wurde genau beobachtet und befragt und für jedes Krankheitsbild das zutreffende homöopathische Mittel sorgfältig ausgewählt, dosiert und als Tropfen, Tabletten oder Streukügelchen (Globuli) verabreicht. Obwohl bis heute diese Methode von der Schulmedizin nicht anerkannt wird, sprechen unzählige Behandlungserfolge für sich.

Die meisten in der Homöopathie verwendeten Ausgangsstoffe sind Pflanzen. Es werden aber auch Mineralien, Metalle und sogar tierische Produkte verwendet. Die Ausgangsstoffe sind oft giftig (Tollkirsche, Arsen, Bienengift) und erzeugen dosisabhängig Nebenwirkungen. Homöopathisch aufbereitet sind sie jedoch unschädlich. Die sog. „Erstverschlimmerung“, also eine Zunahme bestehender Symptome am Anfang der Behandlung wird in der Regel als eine Reaktion des Körpers auf das Mittel positiv bewertet.

Eine Sonderform der Homöopathie stellen die sog. „Schüßler Salze“ (homöopathisch zubereitete Mineralstoffe) und die „Bachblüten“ (Essenzen bestimmter Pflanzen) dar.

PHYTOTHERAPIE

In der Phytotherapie (griech. „phyton“ = Pflanze, „therapeia“ = Pflege), einem der ältesten Therapieverfahren überhaupt, werden Krankheiten mit Hilfe von Pflanzenwirkstoffen behandelt. Die Pflanzen werden als Frischpflanzen, als Droge oder als Extrakt eingesetzt, die zu Tees, Kapseln, Tropfen oder Salben weiter verarbeitet werden können.

Hinsichtlich der Wirksamkeit gibt es sowohl bei den einzelnen Pflanzen als auch bei den pflanzlichen Präparaten (den sog. Phytopharmaka) große Unterschiede. Generell weisen pflanzliche Mittel jedoch ein breiteres Wirkungsspektrum und weniger Nebenwirkungen als synthetische Medikamente aus der klassischen Pharmaindustrie auf.

In der Pharmakologie unterteilt man die Pflanzen nach ihrer Wirksamkeit in drei Arten:

- milde oder als *mite* bezeichnete Pflanzen
- starke, mit *forte* gekennzeichnete Pflanzen
- alle sonstigen, dazwischen liegenden Pflanzen, die keine besondere Kennzeichnung tragen.

Anders als in der Homöopathie lässt sich die Wirkungsweise der Phytopharmaka naturwissenschaftlich nachweisen. Ein wichtiger Unterschied diesbezüglich ist die Dosiswirkung: Je höher die Dosis in der Phytotherapie, desto stärker ist auch die Wirkung, während es sich in der Homöopathie genau umgekehrt verhält.

Die ältesten historischen Aufzeichnungen über Heilpflanzen sind 6.000 Jahre alt und in Keilschrift erhalten. Sie wurden am Persischen Golf auf Tontafeln gefunden.

Aus dem antiken Ägypten stammt ein Papyrus, auf dem über 600 Pflanzen und ihre Anwendungsgebiete verzeichnet sind.

Das erste Kräuterbuch entstand 3000 v. Chr. in China und listet rund 1000 Heilpflanzen auf.

Hippokrates, der Begründer der wissenschaftlichen Medizin, beschäftigte sich 500 vor Christus ebenso mit Kräutern wie der Arzt Dioskorides, dessen medizinisches Lehrbuch aus dem 1. Jahrhundert nach Christus lange als Grundlage für Kräuterkundler galt.

Im Mittelalter übernahmen die Mönche eine wesentliche Rolle in der Heilpflanzenkunde, darunter die Nonne und Äbtissin Hildegard von Bingen.

Johanniskraut - eine der bekanntesten und am besten untersuchten Heilpflanzen

Mit Paracelsus kam die Signaturenlehre, die besagt, dass das Aussehen der Pflanze auf ihre Heilwirkung schließen ließe. Ein Beispiel dafür ist der Ginkgo. Seine Blätter ähneln dem menschlichen Gehirn und tatsächlich wird Ginkgo mit Vorliebe gegen Durchblutungsstörungen im Gehirn eingesetzt. Oder das Lungenkraut, das aufgrund seiner fleckigen Blätter an Lungengewebe erinnert, wird als Tee bei chronischen Atemwegserkrankungen verwendet.

Im 20. Jahrhundert stellte der Arzt Dr. Rudolf Fritz Weiß die Heilpflanzenkunde auf eine wissenschaftliche Basis. Er gründete den ersten Lehrstuhl für Phytotherapie in Deutschland und sorgte für die Anerkennung der Phytotherapie durch die Schulmedizin.

Die Wirkung der Heilpflanzen beruht auf ihrer meist komplexen Zusammensetzung aus ätherischen Ölen, Bitterstoffen, Gerbstoffen, Mineralstoffen und Vitaminen.

Eine ganze Reihe von Heilpflanzen wurde mittlerweile wissenschaftlich untersucht und ihre Wirksamkeit anerkannt („Positivmonographie"). Vor allem bei leichten oder chronischen Erkrankungen sowie bei funktionellen Störungen ist die Phytotherapie eine gute und auch von Ärzten empfohlene Behandlungsmethode.

Damit Kräuter ihre Wirkstoffe bewahren, ist die richtige Ernte, Trocknung, Verarbeitung und Aufbewahrung entscheidend. Die Inhaltsstoff-Zusammensetzung kann daher je nach Standort schwanken.

Heilkräuter können als Tinkturen (z.B. alkoholische Auszüge), Ölauszüge, Salben, Medizinalwein, Kräutersäfte, Pulver, Tropfen oder Dragees verwendet werden. Sie sind fertig in der Apotheke erhältlich, können aber auch von Sachkundigen selbst angefertigt werden.

Gegenwärtig erfreuen sich viele der bekannten Heilpflanzen großer Beliebtheit:

- *Johanniskraut* gegen depressive Verstimmungen
- Baldrian gegen Schlafstörungen
- Ginseng zur Kräftigung
- Arnika gegen Entzündungen und Schwellungen
- Echinacea gegen grippale Infekte zur Abwehrstärkung
- Rotklee gegen Frauenbeschwerden
- Weißdorn gegen Herzschwäche u.v.m.

SPORTLERNAHRUNG

Selbst das scheinbar gesunde Sporttreiben kann zu oxidativem Stress führen. Wer nicht trainiert ist oder es übertreibt, bei dem bilden sich durch die Muskelarbeit zu viele Freie Radikale, die alle Zellen angreifen können. Auch Laktate und Ammoniak, die bei starker körperlicher Betätigung gebildet werden, tragen zu schmerzhaften Entzündungen und Muskelkater bei.

Ammoniak (NH_3) entsteht infolge der Eiweißverbrennung. Es kann blitzschnell ins Blut übergehen, die Blut-Hirn-Schranke passieren und den Neurotransmitterstoffwechsel im Gehirn stören. Dadurch kommt es zunehmend zu Konzentrations-, Gedächtnis- und Koordinationseinschränkungen mit Schwindel, Sehverlust und Kopfschmerzen.

Die andere Seite des Leistungssports für den Körper ist der erhebliche Nährstoffverlust. Insbesondere Mineralstoffe werden vermehrt bei starkem Training mit Schweiß und Urin ausgeschieden.

Etwa 60 % des gesamten Leistungsvermögens eines Sportlers bestimmen seine Gene. Die restlichen 40 % können durch ein gezieltes Training und eine vernünftige Ernährungsweise beeinflusst werden. Falsches Ernährungs- und Trinkverhalten vermindern die Leistungsbereitschaft, senken das Wohlbefinden während der sportlichen Betätigung und können beim Wettkampf sogar den Sieg kosten.

***Wussten Sie, dass ...* mit jedem Liter Schweiß der Körper ca. 1.000 mg Natrium 250 mg Kalium, 70 mg Calcium, 30 - 50 mg Magnesium, je 1 mg Zink, Eisen und Kupfer verliert?!**

BIOLOGISCHE VORBEREITUNG STATT DOPING!!!

Kennzeichen	Doping	Orthomolekulare Produkte
sporttechnisch	direkte Leistungssteigerung	indirekte Leistungssteigerung
sportrechtlich	verboten	legal
sportmedizinisch	schadet der Gesundheit	verbessert die Gesundheit

Die sportliche Leistung wird durch ein gezieltes Training optimiert. Der Trainingsprozess findet im Anpassungsmechanismus des Körpers seine biologische Basis. Wichtige Komponenten dieses Anpassungsmechanismus sind das autonome Nervensystem (Vegetativum) und das hormonelle System.

Die Regenerationszeit nach einer intensiven Körperbelastung kann über Tage dauern. Dabei können spezielle Mikronährstoffe, insbesondere L-Carnitin, diesen Zeitraum verkürzen. Symptome einer körperlichen Überforderung wie Übelkeit, Erbrechen, Krämpfe und Kollapsneigung nach intensivem Training oder einem Wettkampf können durch einen gezielten Ausgleich des Wasserhaushaltes und die Zufuhr von Mikronährstoffen wirksam kompensiert werden.

Es gibt verschiedene Sportarten, die in unterschiedlichem Außmaß die einzelnen Körperbereiche in Anspruch nehmen. Mit speziell auf die jeweilige Sportart abgestimmten orthomolekularen Mikronährstoffkombinationen kann der Körper eines Sportlers für die jeweilige Sportleistung im Training oder Wettkampf auf eine natürliche und untoxische Art und Weise zu mehr Leistung angeregt werden - und das ohne verbotene Dopingmittel!

Der positive Nebeneffekt: Die biologischen, orthomolekularen Supplemente versorgen den ganzen Körper mit wichtigen Mikronährstoffen und stärken somit die Funktion aller Organe und Körpersysteme.

Bestimmte Nährstoffgruppen haben einen positiven Einfluss auf den Trainingseffekt:

1. Adaptogene sind Nahrungssupplemente, die ausgleichend und normalisierend auf den Körper wirken und die Erholungsphase nach dem Training oder Wettkampf verkürzen. Dadurch kann der Folgeeinsatz (Training oder Wettkampf) schneller absolviert werden, ohne dass der Körper Schaden nimmt.

Zu den Adaptogenen gehören meist Stoffe pflanzlichen, tierischen oder mineralischen Ursprungs, z.B. *Ginseng*, *Eleutherokokkus* und *Vitamin C*.

2. Muskel-Energizer regeln effizient den Energie-Haushalt des Körpers, indem sie die Brennstoffmenge in der Zelle vergrößern und die Abfallmenge (Laktate), z.B. in den Muskeln, verringern. Voraussetzungen für einen guten Muskel-Energizer sind:

- seine Wirksamkeit
- seine Unschädlichkeit
- seine Legalität (nicht auf Dopinglisten geführt)

Zu den besonders effektiven Muskel-Energizern gehören u.a. *Creatin-Phosphat* (idealer Puffer für die H+-Ionen des Laktats), *Creatinin* (Vorsicht, dieses kann bei einigen Sportarten als Dopingmittel eingestuft werden!), *Inosin, Vitamin B15-Pangamsäure* (erhöht die Wirkung der Stresshormone), *Alpha-Liponsäure, L-Carnitin, Coenzym Q10* (fördert die Herzleistung und ist ein idealer Energielieferant für alle Organe).

3. Pufferstoffe hemmen wirksam die gefürchtete Laktatbildung und verhindern die Freisetzung von aggressiven Enzymen, welche die Zellen nachhaltig zerstören. Zu den wirksamen Pufferstoffen gehören *Carnosine* und *Anserine* (die Verabreichung erfolgt mittels intramuskulärer Injektion) sowie *Natrium-Bicarbonat* und *Natrium-Citrat*. Da durch die regelmäßige Einnahme von *Na-Bircarbonat* Blähungen entstehen können, ist *Natrium-Citrat* vorzuziehen.

Die empfohlene Tagesdosis liegt bei 800 bis 1500 mg *Natrium-Citrat*/kg Körpergewicht. Viele Sportler weisen jedoch wegen der massiven Muskeltätigkeit und starker Laktatbildung einen weit höheren *Natrium*-Bedarf auf.

4. Ammoniak-Scavengers (sog. „Ammoniakfresser") *Glutaminsäure, Asparaginsäure, Arginin, Ornithin, Citrulin, Apfelsäure, Valin, Leucin* und *Isoleucin* schützen den Körper gegen zu hohe Ammoniakwerte im Blut und verhindern Zellschädigungen durch zu viel Eiweiß.

5. Brain-Energizer (sog. „Denkmittel") beeinflussen positiv den Stoffwechsel in den Gehirn- und Nervenzellen und erhöhen die lokale Durchblutung im Gehirn. Diese Aufgabe erfüllen z.B. *Vitamin-B-Komplexe, Vitamin E, Chrom, Mangan, Magnesium* und *Zink*. Brain-Energizer werden hauptsächlich bei den Sportarten eingesetzt, bei denen maximale Konzentration und Gleichgewichtssinn erforderlich sind (z.B. beim Hochsprung).

AMINOSÄUREN

Diese wichtigen Eiweißbausteine werden zu Unrecht nur als „Kraftmittel" bezeichnet, denn sie können noch viel mehr. Neben entgiftender Eigenschaften und Radikalfänger-Aufgaben verbessern Aminosäuren die Impuls-Übertragung zwischen den Nervenzellen und sorgen für einen reibungslosen Ablauf des gesamten Stoffwechsels.

Bei der Einnahme der Aminosäuren sollte man folgende Grundsätze beachten:

- immer die biologisch aktive L-Form wählen
- Aminosäuren sollten nur über eine kurze Zeit (bis drei Wochen) eingenommen werden, danach mindestens eine Woche pausieren
- durch die Kombination mit Kohlenhydraten wird die Aufnahmefähigkeit der Aminosäuren erheblich gesteigert
- die meisten Aminosäuren sollten möglichst getrennt voneinander eingenommen werden (Ausnahmen bilden die Kombinationen *Arginin, Lysin, Ornithin* sowie *Leucin, Isoleucin* und *Valin*).

VITALSTOFFE FÜR DIE GELENKE

Allein in Deutschland leiden rund 34 Millionen Menschen an akuten oder chronischen Gelenkbeschwerden.

Gelenkverschleißerscheinungen mit oder ohne Entzündung sind inzwischen zu einer wahren Volksseuche geworden und verursachen in der Bevölkerung einen volkswirtschaftlichen Schaden in Milliardenhöhe.

Schätzungsweise leidet jeder zweite Bundesbürger über 45 Jahre unter einer Arthrose und fast jeder der über 75-Jährigen. Diese Erkrankung entwickelt sich gewöhnlich über mehrere Jahre und wird erst beim Auftreten starker Schmerzen richtig wahrgenommen. Im Endstadium ist der Knorpel völlig abgerieben, das Gelenk steif und verformt.

Gelenkerkrankungen sind nicht nur schmerzhaft, sondern auch mit einem enormen Verlust an Lebensqualität verbunden.

Degenerative Gelenkerkrankungen kommen unter den Krankheiten des rheumatischen Formenkreises am häufigsten vor und zeigen in ihrer letztlich ungeklärten Ursache eine langsam fortschreitende Entwicklung. Zu Beginn dieser Erkrankung entsteht eine nicht entzündliche degenerative Veränderung der Knorpel- und Knochenstruktur eines oder mehrerer Gelenke mit einer zunehmenden Gelenkdeformierung. Die Beschwerden äußern sich häufig als Anlauf- und/oder Belastungsschmerz. Bewegungseinschränkungen, Knistern und Knarren bei Bewegung und witterungsbedingte Schmerzen sind die Folgen.

Alle Gelenke des Körpers können von der Arthrose betroffen sein. Am häufigsten tritt sie jedoch in den Zehen, Fingern, Knien, Hüften und an der Wirbelsäule auf.

DIÄTETISCHE MASSNAHMEN

Zu den wichtigsten Schritten in der Ernährungsumstellung gehört die Reduktion der in hohem Maße in Fleischprodukten enthaltenen Arachidonsäure (AA) auf höchstens 50 mg pro Tag! Arachidonsäure ist an der Entstehung entzündlicher Prozesse in den Gelenken mitbeteiligt.

Fische enthalten wie alle Nahrungsmittel tierischer Herkunft ebenfalls AA. Jedoch ist diese von geringerer Bedeutung, da gleichzeitig die erwünschten Fischölfettsäuren (Omega-Fettsäuren) zugeführt werden, die die Wirkung der AA vermindern. Ratsam erscheint auch die Umstellung der tierischen Fette auf pflanzliche - z.B. Raps-, Lein- und Nussöl.

Nach den neuesten Erkenntnissen ist eine Mischkost mit vorwiegend pflanzlicher, vitaminreicher Kost und die Umstellung von Schwein und Rind auf Geflügel und Fisch für Menschen mit Gelenkproblemen sinnvoller als reine vegetarische Vollwertkost. Bei der letzteren ist das Risiko einer Vitaminunterversorgung höher. Auch verursachen Vollkornprodukte bei unzureichender Verdauung eine vermehrte Bildung von säurehaltigen Gasen und Ammoniak.

MIKRONÄHRSTOFFE

Chondroprotektiva sind Knorpelschutzmittel, die die Gelenkzerstörung aufhalten können. Sie hemmen knorpelabbauende Substanzen und bauen die Knorpelsubstanz wieder auf. Im Gegensatz zur bisherigen Symptombekämpfung mit entzündungshemmenden Rheumamitteln, die die Schmerzen zwar kurzfristig lindern, aber langfristig die Gelenkzerstörung sogar fördern, kann die Einnahme der natürlichen Chondroprotektiva *Glucosamin* und *Chondroitin* nachweislich Gelenkbeschwerden lindern oder sie sogar beseitigen!

Chondroitinsulfat als sulfatiertes Glucosaminglycan ist ein wichtiger Bestandteil extrazellulärer Matrices vieler Bindegewebe, einschließlich Knorpel, Knochen, Bändern und Sehnen. Es sorgt dafür, dass der Knorpel seine Elaszitität nicht verliert und mit genügend Nährstoffen versorgt wird. Außerdem konnten in verschiedenen klinischen Studien antientzündliche und schmerzstillende Eigenschaften von *Chondroitinsulfat* belegt werden.

Glucosamin ist ausschlaggebender Bestandteil für die zähflüssige Eigenschaft der Gelenkschmiere, die die Pufferwirkung gewährleistet und gleichzeitig das Knorpelgewebe mit allen benötigten Nährstoffen versorgt.

CM Source (Cetyl Myristoleate) ist ein natürlich vorkommender Fettsäureester, der sich inzwischen zu einem bahnbrechenden biologischen Mittel gegen rheumatische Arthritis etabliert hat. Erfahrungen zeigen, dass *CM Source* eine entzündungshemmende Wirkung hat und bei Gelenkirritationen als Gleitmittel dient. Da *CM Source* gut gegen oxidative Einflüsse von innen und außen Bestand hat, bleibt es lange im Körper aktiv.

Glucosamin als körpereigener Stoff regt die Knorpelzellen zur Kollagenbildung an, hemmt die Freisetzung von knorpelzerstörenden Enzymen und baut Entzündungsmediatoren ab. Von einem gesunden und jungen Organismus werden *Glucosamine* direkt aus der Nahrung synthetisiert.

Der Organismus verliert aber mit zunehmendem Alter die Fähigkeit dieser Synthese. Verstärkt wird dies auch dadurch, dass unsere moderne Ernährungsweise meist keine Nahrungsmittel anbietet, die diese Stoffe enthalten.

Weitere Mikronährstoffe, die eine große Bedeutung für die Beweglichkeit unserer Gelenke haben:

Vitamin C fördert die Bildung der kollagenen Substanz und den Einbau von *Glucosamin* und *Chondroitinsulfat.*

Vitamin E schützt vor Osteoporose und Muskeldegeneration.

Calcium ist unentbehrlich für die Gesundheit von Knochen und Zähnen.

Phosphor benötigt der Körper für den Aufbau von Knochen und Zähnen, zur Erhaltung des Säure-Basen-Haushaltes, für die Energieproduktion, Nerven- und Muskelaktivität und für den ausgeglichenen Calciumhaushalt.

Mangan ist wichtig für den Knochenaufbau und eine gesunde Knochenstruktur. Als Katalysator fördert *Mangan* den Einbau von *Glucosamin* in die Eiweißschicht des Knorpels.

Grüner Tee ist reich an den antioxidativ wirkenden Flavonoiden, er dient der Wirkungsverstärkung von *Glucosamin* und *Chondroitinsulfat,* und zeigt entzündungshemmende sowie schmerzlindernde Eigenschaften bei Arthritis.

Cat´s-Claw - Krallendorn findet Anwendung bei Arthritis und chronischen Entzündungen.

Hyaluronsäure ist ein wichtiger Bestandteil des Bindegewebes und der Synovia (Gelenkflüssigkeit) - sie erfüllt eine wichtige Funktion als Schmiermittel bei allen Gelenkbewegungen.

Gamma-Linolensäure (enthalten z.B. in der Nachtkerze) fördert die Bildung der Prostaglandine, welche die Entzündungsvorgänge hemmen.

Weihrauch mit seinen antiphlogistisch wirkenden Boswellinsäuren ist besonders wirksam bei entzündeten Gelenken.

OSTEOPOROSE

Kaum ein Krankheitsbild ist mit so vielen widersprüchlichenen Informationen behaftet wie die Osteoporose, von der viele Frauen jenseits der Menopause betroffen sind.

Dabei kommt es zu einem schleichenden Abbau der Knochensubstanz, die zunehmend porös und brüchig werden. Bewegungsmangel, calciumarme Ernährung, das Rauchen, zuviel Alkohol und hormonelles Ungleichgewicht können den Krankheitsverlauf negativ beeinflussen.

10 INFORMATIONEN

zur Osteoporose-Prophylaxe

1. Die empfohlene Dosis *Calcium* am Tag liegt bei 1000 bis 1200 mg.

2. *Vitamin D3* hilft dem Körper, *Calcium* vollständig aufzunehmen.

3. *Bor* haltige Nahrungsmittel (Pflaumen, Hülsenfrüchte, Rosinen, Tomaten, Birnen und Äpfel) senken die Ausscheidung von *Calcium* und erhöhen die Östrogenproduktion.

4. Antioxidantien (*Vitamine A, C, E* und *Selen*) hemmen den Knochenabbau.

5. *Magnesium* sollte immer begleitend zu *Calcium* eingenommen werden. Jüngste Forschungen belegen, dass hohe Dosen *Magnesium* die negativen Auswirkungen des Knochenschwunds verlangsamen.

6. Essentielle Fettsäuren, z.B. *Omega-3-* und *6-Fettsäuren* sind für den Ausgleich von *Calcium* in den Knochen wichtig, denn sie bremsen die Ausscheidung von *Calcium* in Urin und helfen dem Körper, *Calcium* besser zu resorbieren.

7. Vollbäder mit *basischem Badesalz* erhöhen die Säureausscheidung aus dem Unterhautgewebe und helfen beim Entgiften des Körpers.

8. Regelmäßige und mäßige Bewegung hält den gesamten Bewegungsapparat auf Trab. Nicht umsonst gilt noch die alte Volksweisheit „Wer rastet, der rostet"!

9. Ausgewogene Multimineral-Supplemente sind Einzelmineralien grundsätzlich vorzuziehen.

10. *Vitamin K* ist in hohem Maße an der Knochenbildung beteiligt und fördert den Knochenstoffwechsel.

FÜR DIE FRAU

Der weibliche Körper unterliegt unterschiedlichen Schwankungen, die durch den komplizierten Hormonhaushalt beeinflusst werden.

Die monatliche Regel, die Schwangerschaft oder die Wechseljahre können für Frauen mit unangenehmen Beschwerden einhergehen. Hier können verschiedene orthomolekulare Substanzen eine sinnvolle Alternative sein.

EISENMANGEL

Neben den wasserlöslichen Vitaminen für den Energiestoffwechsel kommt dem Spurenelement *Eisen* bei Frauen eine besondere Bedeutung zu. Laut *Deutscher Gesellschaft für Ernährung (DGE)* sind Frauen im gebärfähigen Alter mit *Eisen* mangelversorgt. Sie verlieren durch die Monatsblutung eine große Menge *Eisen* pro Monat und sollten diese Menge kompensieren. Ein chronisches Eisendefizit führt zu der verbreiteten Eisenmangelanämie; diese gehört weltweit zu den häufigsten Mangelerscheinungen.

REGEL-BESCHWERDEN

Bei fast jeder dritten Frau wird die monatliche Regelblutung von unangenehmen Symptomen begleitet, die sich bereits kurz vor der Periode einstellen. Neben krampfartigen Schmerzen im Unterleib und im Rücken sind oft starke Blutungen und migräneartige Attacken an der Tagesordnung.

Eine wichtige Rolle bei der Linderung der Menstruationsbeschwerden kommt dem *Vitamin B6 (Pyridoxin)* zu. *Vitamin B6* ist an der Entstehung der wichtigen Botenstoffe *Serotonin* und *Dopamin* beteiligt, welche die Stimmungslage stark beeinflussen. Ein hormonelles Ungleichgewicht kann die *Vitamin B6*-Speicher in der Leber schnell erschöpfen.

Eine Supplementierung mit *Vitamin B6* bei Prämenstruellem Syndrom, während der Wachstumsphase, in der Schwangerschaft und in den Wechseljahren kann sich dabei als sehr vorteilhaft erweisen.

Durch die Einnahme der Pille, das Rauchen, Alkohol- und Kaffeekonsum kann die Vitamin-B6-Aufnahme im Körper beeinträchtigt sein und längerfristig zu erheblichen Mangelerscheinungen führen.

Nachtkerzenöl kann die Brustspannung, Wasseransammlungen und Hautausschläge lindern.

Das *Vitamin B-Komplex* kann nervöse Spannungen abbauen und sollte in Dosen von 50 bis 100 mg pro Tag zugeführt werden.

SCHEIDENPILZ

Bedingt durch die anatomische Lage der Scheide kommt es häufig bei Frauen während eines Stuhlgangs zur Verschleppung von Pilzerregern oder Kolibakterien aus dem Darm in die Scheide.

Die Vaginalmykosen werden meist mit antimykotischen Mitteln behandelt, die in der letzten Zeit aufgrund der zunehmenden Resistenz der Erreger oft unwirksam sind. Um den Behandlungserfolg zu optimieren, sollte beim Scheidenpilz der Darm immer mitbehandelt werden.

Frauen sollten auf die richtige Reinigung nach dem Stuhlgang achten: Den Intimbereich immer schonend von vorn nach hinten reinigen!

Bei einem akuten Pilzbefall sollte kurzfristig die Körperabwehr gestärkt werden (z.B. mit *Echinacea*- und *Zink*-Präparaten). Die Selbstheilungskräfte können mit Multivitamin-Supplementen (hefefrei!) aktiviert werden.

Probiotika mit *Acidophilus*- und *Bifidobakterien* stimulieren die darmabhängige Abwehr und *Grapefruitextrakte* verhindern die Ausbreitung der Hefepilze der Candidaart im Darm.

SCHWANGERSCHAFT

Während ein neues Leben entsteht und heranwächst, kann es bei Frauen zu den typischen Schwangerschaftsbeschwerden kommen wie Verstopfung, Sodbrennen, Krämpfe, Übelkeit und Erbrechen.

Durch eine erhöhte Zufuhr von Ballaststoffen (auch *Flohsamen* oder *Inulin*) wird Verstopfung verhindert.

Magnesium und *Calcium* lindern Muskelkrämpfe.

Vitamin C-Ester, *Vitamin E*, *Bioflavonoide* und *Zink* entlasten die Blutgefäße, die oft während der Schwangerschaft zu Krampfadern mutieren.

Folsäure (mindestens 400 µg pro Tag) und *essentielle Fettsäuren* sind für das Wachstum und eine gesunde Entwicklung des Ungeborenen unentbehrlich.

Mit *Vitaminen B6, C, E* und *Zink* kann sogar der Bildung von Schwangerschaftsstreifen entgegengewirkt werden.

Ein niedriges Geburtsgewicht beruht oft auf einem *Zink*mangel. Daher wird eine tägliche *Zink*zufuhr von 15 mg empfohlen.

Vitamin A sorgt für gesundes Wachstum des Kindes. Schwangeren und Stillenden wird gegenwärtig empfohlen, *Vitamin A* in Form von *Beta-Carotin* (nicht über 10.000 IE) einzunehmen.

UNFRUCHTBARKEIT

Der Wunsch nach einem Kind bleibt bei vielen Frauen unerfüllt. Der Grund können Myome sein, Endometriose, entzündliche Erkrankungen der Eierleiter und der Eierstöcke sowie Fehlgeburten oder Abtreibungen.

Eine optimale Versorgung des Körpers mit Vitaminen und Mineralstoffe bessert die Qualität der Spermien und Eierzellen und schafft bessere Entwicklungsbedingungen für ein Embryo.

Ausgewogene Ernährung und Vermeidung von Nikotin und Alkohol erhöhen zusätzlich die Chancen für eine Empfängnis.

Die Produktion der Geschlechtshormone kann mit *essentiellen Fettsäuren* und *Nachtkerzenöl* gefördert werden.

Vitamin E kann die Produktion des Zervixschleimes regulieren.

Frauen, die schwanger werden wollen, sollten täglich 1000 mg Vit. C und 15-30 mg Zink zu sich nehmen.

KLIMAKTERIUM

Millionen Frauen leiden unter den typischen Beschwerden der Wechseljahre wie Schweißausbrüchen, Hitzewallungen, Gewichtszunahme und Austrocknung der Schleimhäute. Nachdem die klassische Hormontherapie zunehmend in Verruf geraten ist, suchen immer mehr Frauen nach nebenwirkungsfreien Alternativen, die gegen klimakterische Beschwerden wirksam sind.

Die sog. Phytoöstrogene (z.B. Isoflavone, Soy Iprivlavone - enthalten in der *Sojabohne* und in *Rotklee*) greifen regulierend in den weiblichen Hormonhaushalt ein. Bei einer Ernährung, die reich an *Phytoöstrogenen* ist, werden die Veränderungen während der Wechseljahre wesentlich besser vertragen.

Der positive Einfluss der Pflanzenhormone auf das Wohlbefinden der Frau ist durch jahrhundertalte Erfahrungen aus der asiatischen Ernährungslehre bekannt. In den letzten Jahren haben moderne Studien die guten Erfahrungen mit *Rotklee* und *Soja* mehrfach bestätigt.

Coenzym Q10, Eisen und *Panax Ginseng* liefern die nötige Energie und können bei Erschöpfung und Müdigkeit helfen.

Nervöse Unruhe, Tagesmüdigkeit und Schlaflosigkeit können wirksam mit *Baldrian* und *Vitamin-B-Komplexen* behoben werden.

Johanniskraut-Supplemente sind die Mittel der Wahl bei depressiven Verstimmungen.

***Wussten Sie, dass ...* in den asiatischen Ländern, wo mit der Nahrung viele Phytoöstrogene aus Soja verzehrt werden, klimakterische Beschwerden nahezu unbekannt sind?!**

Nahrungsergänzungen aus *Rotklee* oder *Sojabohne* sind speziell für Frauen zu empfehlen, die in verstärktem Maße diese körperlichen Veränderungen während der Menopause spüren.

Wadenkrämpfe und Muskelverspannungen können mit täglichen Gaben *Magnesium* (400-800 mg) nachhaltig gelindert werden.

Magnesium, Quercetin, Vitamin C, B3 (Niacin) und *Vitamin E* helfen bei Migräne und wechseljahresbedingten Kopfschmerzen.

FÜR DEN MANN

Eine französische Studie mit 13017 gesunden Männern und Frauen zwischen 35 und 60 Jahren, die über acht Jahre Antioxidantien (tägliche Dosis: 6 mg Beta-Carotin, 120 mg Vitamin C, 60 mg Vitamin E, 20 mg Zink und 100 µg Selen) oder Placebo einnahmen, zeigt, dass die Supplementierung die Zahl der Todesfälle und die Zahl der Erkrankungen deutlich senken kann.

Interessanterweise sank bei Männern die Krebsrate und die Sterbeziffer um 31% bzw. um 37%. Dagegen bei Frauen, die zu Beginn der Studie wahrscheinlich einen besseren Ernährungsstatus hatten, gab es diesen Effekt nicht.

SPERMIENQUALITÄT

Die Frage, wie man mit einfachen Mitteln und möglichst nebenwirkungsfrei die Spermienqualität verbessern kann, interessiert naturgemäß viele Männer. Untersuchungen und Studien weisen insbesondere auf Zink, Vitamin C und E, Selen, Folsäure, Vitamin-B-Komplexe, L-Carnitin und Coenzym Q10 als wirksame Mikronährstoffe mit positiven Effekten auf die Spermienzahl und -beweglichkeit hin.

Ein hoher Homocysteinspiegel übt einen negativen Einfluss auf die Spermienqualität aus. In einer aktuellen Innsbrucker Studie konnte belegt werden, dass die Behandlung der Homocysteinämie mit 300 µg Folsäure, 3 mg Vitamin B6 sowie 3 µg Vitamin B12 täglich die Spermienqualität deutlich verbessert.

PROSTATA

Mit 60 - 65 Jahren weisen bereits über 50% aller Männer Prostatabeschwerden auf. Zu den bekannten Symptomen gehören Brennen und Schmerzen beim Wasserlassen, nächtlicher Harndrang und unvollständige Blasenentleerung.

Bei den Indianern Nordamerikas, die seit Jahrhunderten die Frucht der *Sägepalme* verzehrten, waren Harnwegs- und Prostatabeschwerden unbekannt. Heute werden *Sägepalm*-Extrakte als wirksame, pflanzliche Mittel gegen

Beschwerden der Vorsteherdrüse mit großen Erfolgen eingesetzt.

Praxiserfahrungen zeigen, dass in den früheren Stadien der Prostatavergrößerung Sägezahnpalme-Extrakte im Vergleich zu klassischen Arzneimitteln nicht minder wirksam sind.

Extrakte aus *Kürbissamen* zeigen entzündungshemmende, entwässernde und antioxidative Wirkungen und werden seit vielen Jahren bei Reizblase und Blasenentleerungsstörungen sowie bei gutartiger Prostatavergrößerung in den Stadien I und II medizinisch eingesetzt.

Männer mit Beschwerden der Prostata profitieren auch von einer *Selen*-Substitution.

Lycopin - der Pflanzenstoff aus der Tomate - beugt nachgewiesenermaßen Prostatakrebs vor.

IMPOTENZ

In Deutschland leiden rund 6 Millionen Männer unter der erektilen Dysfunktion. Betroffen sind vor allem Personen mit arteriellen Gefäßstörungen (z.B. Diabetiker) und starke Raucher.

Mehrere Studien haben bestätigt, dass erektile Dysfunktion als ein wichtiger Marker für Erkrankungen wie Diabetes mellitus oder Herz-Kreislauf-Erkrankungen angesehen werden muss.

Die Aminosäure *L-Arginin* bewirkt, dass die Blutgefäße konstant Stickstoffmonoxid produzieren und durch die resultierende Gefäßweitung die Durchblutung der peripheren Gefäße (im Penis) optimiert wird.

L-Arginin wird von immer mehr Wissenschaftlern und Therapeuten nicht nur im Rahmen von Anti-Aging Strategien, sondern auch als „natürliches *Viagra*" bezeichnet.

In placebo-kontrollierten Studien konnte gezeigt werden, dass *L-Arginin* bereits in einer Dosierung von 2-3 g täglich die sexuelle Funktion der männlichen Patienten deutlich verbessern kann.

Auch die Medizin der Naturvölker beinhaltet einen reichen Erfahrungsschatz in Bezug auf volkstümliche Potenzmittel. Hier einige Beispiele:

Damiana wächst als kleiner Strauch von Mittel- bis Südamerika und ist auch unter den Namen „Hierba del Venado" (Kraut des Hirsches) oder "Rompe camisa macho" (Zerreiß das Hemd, Mann) bekannt. Seinen Namen *Damiana* erhielt es von den spanischen Eroberern nach dem Schutzpatron der Apotheker Damian. *Damiana* kann als Tee getrunken, als alkoholischer Auszug oder zur Räucherung verwendet werden. Sie wirkt aufhellend auf das Gemüt und aphrodisierend.

Maca (Lepidium meyenii) ist eine kleine, etwa tischtennisballgroße Knolle, die in den Anden in einer Höhe von 4.000 bis 5.000 m über dem Meer wächst. *Maca* gehört zur Familie der Kreuzblütler, zu denen auch der Sellerie und der Rettich gehören. *Maca* enthält einen besonders hohen Gehalt an wertvollen Proteinen, Kohlenhydraten, Vitaminen und Mineralstoffen. Es ist eine Pflanze, die extreme klimatische Bedingungen überlebt und Kälte, Eis sowie Schnee trotzen kann. Ihre Inhaltsstoffe wirken potenzsteigernd, allgemein kräftigend und durchblutungsfördernd.

Ein weiteres Aphrodisiakum ist das *Potenzholz* oder Marapuama - ein kleiner Baum, der vornehmlich im Amazonasbecken Brasiliens wächst. *Potenzholz* zeichnet sich durch die Zusammensetzung an freien Fettsäuren, Sterolen, wie das Beta-Sitosterol und das seltene Alkaloid, Muirapuamin aus.

Grüner Hafer (Avena sativa) wird volksmedizinisch als wirksames Potenzmittel gehandelt. Von allen gängigen Getreidearten enthält der grüne Hafer den höchsten Mineralstoffgehalt, und der hohe Eisengehalt kann nur von Fleisch übertroffen werden. Vor ca. 200 Jahren wurde in der *Germania Pharmacopoeia* zum ersten Mal erwähnt, dass der grüne Hafer auch die Libido stärkt. Vielleicht kommt davon die bekannte Redewendung „ihn sticht der Hafer“?

MUSKELAUFBAU

Jeder, der Muskelaufbau-Training durchführt, braucht eine ausgewogene gesunde Ernährungsweise.

Lebenswichtige Nahrungsinhaltsstoffe wie Proteine, Aminosäuren, Fette, Vitamine und Mineralstoffe sind für den Körper unentbehrlich und hilfreich beim Muskelaufbau.

Für den Sportler spielt die Deckung des Proteinbedarfs die wichtigste Rolle. Dabei ist der Aufbau der Eiweiße entscheidend. Jedes Protein setzt sich aus bis zu 20 verschiedenen Aminosäuren zusammen.

Bei der Verdauung spaltet der Körper die Nahrungsproteine in einzelne Aminosäuren, die dann in den Blutkreislauf aufgenommen werden und so dem Aufbau von Körperproteinen (z. B. Muskulatur) zur Verfügung stehen.

Der Bedarf an hochwertigem Protein für einen Nichtsportler wird mit 0,8-1,0 g/kg Körpergewicht angegeben. Durch erhöhten Stoffwechselumsatz und hohen Proteinabbau bei sportlicher Betätigung kann der Proteinbedarf stark ansteigen. Für einen 80 kg schweren Bodybuilder bedeutet dies ca. 64 -144 g (0,8-1,8 g/kg) Körpergewicht) Protein pro Tag.

Eine wichtige Rolle beim Muskelaufbau spielt das überwiegend in der Muskulatur vorkommende *Kreatin*. Der menschliche Körper ist in der Lage, ausreichende Mengen *Kreatin* aus den Vorstufen *Arginin*, *Glycin* und *Methionin* zu bilden. Bei einem erwachsenen Mann (70 kg Körpergewicht) wird der Gesamtkörperbestand an *Kreatin* auf ca. 120 g geschätzt (95 % davon in der Muskulatur). Der tägliche *Kreatin*umsatz beträgt ca. 2 g, ein Großteil davon wird mit dem Urin ausgeschieden. Der Ausgleich erfolgt jeweils zur Hälfte durch die körpereigene Synthese und die Zufuhr mit der Nahrung.

Kreatin findet sich hauptsächlich in Fleisch (ca. 5g /kg) und in Fisch (2-10 g/kg). Pflanzliche Lebensmittel und Milchprodukte enthalten dagegen nur geringe Mengen *Kreatin* (weniger als 0,1 g/kg). Für Sportler ist es daher notwendig den erhöhten *Kreatin*-Bedarf durch zusätzliche Supplemente zu decken.

Der große Vorteil der Supplementierung mit Aminosäuren besteht darin, dass sie den Muskeln schnell zur Verfügung stehen, da sie der Körper nicht mehr aufspalten muss und außerdem keine Cholesterin- und Purinbelastung bedeuten.

Einige für den Muskelaufbau wichtige Aminosäuren, darunter auch die verzweigkettige Aminosäuren BCAAs, kann der Körper nicht selbst herstellen, sie müssen von außen zugeführt werden.

Aminosäurenprodukte können die Aufnahme normaler Nahrungsproteine nicht gänzlich ersetzen, diese aber sinnvoll ergänzen.

Die Vorteile einer Aminosäure-Supplementierung:

- verbesserte Wachstumshormonausschüttung
- Durchblutungsförderung und Glykogeneinlagerung
- Förderung der Muskelproteinsynthese
- Erhöhung der Energiebereitstellung beim Leistungssport
- Schutz vor Muskelabbau
- fettfrei, cholsterinfrei, purinfrei

ENTGIFTUNG

Industrielle Schadstoffe, Pestizide, Zusatzstoffe (E-Nummern), Schwermetalle, Arzneimittel und Nikotin reichern sich zunehmend im menschlichen Körper an.

Unser Körper bemüht sich, uns vor schädlichen Stoffen zu schützen, indem er diese neutralisiert und/oder speichert, bis sie weiter verarbeitet und beseitigt werden.

Sind die Ausscheidungsorgane Nieren, Leber und Haut in ihrer Funktion blockiert oder geschwächt, oder aber ist das Toxinangebot zu hoch, geraten wichtige Stoffwechselvorgänge ins Stocken und der Mensch wird krank.

Die resultierenden Beeinträchtigungen reichen von Hautunreinheiten, funktionellen Organstörungen, Allergien, Müdigkeit und psychischen Befindlichkeitsstörungen bis hin zu Gewebsschädigungen und chronischen Erkrankungen. Vergiftungen können schwerwiegende Folgen haben und mit dem Tod enden.

Die Erfahrungen zeigen, dass heute kaum eine Therapie chronischer Erkrankungen zum Dauererfolg führen kann, wenn der Patient nicht gründlich entsäuert und entgiftet wird.

Unser Alltag wird auch durch zahlreiche Schwermetalle (z.B. Quecksilber, Blei, Cadmium, Nickel und Arsen) beeinträchtigt.

Eine extrem hohe Belastung geht vom Quecksilber aus. Jährlich werden industriell ca. 10.000 Tonnen Quecksilber hergestellt! Dieses toxische Metall kommt in Amalgamfüllungen, Thermometern, Kosmetika, Hochseefisch, Medikamenten und Impfstoffen vor. In den meisten Flüssigimpfstoffen ist Quecksilber in Form von Thiomersal (Ethyl-Quecksilber-Thiosalicylat) vorhanden, einem Biozid, das dem Impfstoff als Konservierungsmittel dient und zu 54% seines Molekülgewichtes aus Quecksilber besteht.

Quecksilber kann die Hirn-Blut-Schranke passieren, sich im Gehirn anreichern und vielen Blut-, Harn- oder Speicheluntersuchungen trotzen. Das Verhängnisvolle an Quecksilber ist seine Fähigkeit, die Ausleitung anderer in der Nervenzelle abgelagerter Gifte permanent zu blockieren.

Bei Menschen mit Amalgamfüllungen wird schon nach 20-minütigem Kaugummikauen oder nach Trinken eines Zitronensaftes die Anzahl der Abwehrzellen (T-Lymphozyten) um bis zu 25 % gesenkt! Ein Grund, weshalb Infektanfälligkeit, Immunschwäche und Autoimmunkrankheiten in den letzten Jahrzehnten nahezu explosionsartig zugenommen haben.

Durch die Giftbelastung mit Schwermetallen wird das Immunsystem in einen ständigen Alarmzustand versetzt. Die Liste der durch Schwermetalle verursachten Krankheiten ist lang. Dazu gehören z.B. Allergien, Chronisches Müdigkeits-Syndrom, Rheuma, Akne, Schuppenflechte, Neurodermitis, Infektanfälligkeit, Pilzerkrankungen bis hin zu Krebs.

Blut-, Harn- und Speicheluntersuchungen geben immer nur eine Momentaufnahme der in den Körperflüssigkeiten befindlichen Mineralstoffen an. Dagegen werden bei einer Haaranalyse alle im Körper gebundenen Mineralstoffe gemessen. Dadurch kann ein direkterer Zusammenhang zwischen Ursache und Symptomatik hergestellt werden.

AMALGAM-AUSLEITUNG

Beim Einsetzen oder Entfernen einer Amalgamfüllung gelangt das hoch giftige Quecksilber in Bruchteilen von Sekunden ins Blut.

Als natürliche Entgiftungs- und Ausleitungsmittel für Quecksilber werden in der Literatur empfohlen: frischer *Koriander, Apfelpektin* (z.B. durch Essen von Äpfeln), *Sauerkraut* sowie *Knoblauch* oder *Bärlauch*, *Zwiebeln* und *Bohnen*. Die letzten vier Sorten enthalten besonders viel Schwefel, das Quecksilber bindet. Ebenfalls entgiftend wirken *Alfalfa* und *Chlorella*-Algen.

Wer Nieren- oder Leberschäden hat, sollte zuvor eine allgemeine Reinigung dieser Organe anstreben und unter therapeutischer Aufsicht entgiften.

Ein besonderes Problem stellt die Ausleitung des Quecksilbers durch die Gehirn-Blutschranke dar. Das Küchenkraut *Koriander* gehört zu den wenigen Substanzen, welche diese Schranke überwinden. Der frische *Koriander* kann mit *Knoblauch*, *Olivenöl* und Salz im Mixer klein gehackt und zu einer Art Pesto verrührt werden. Vom Pesto, das sich auch als Salat- oder Spaghetti-Sauce eignet, sollte man täglich ein bis zwei Esslöffel verzehren. Im Schraubglas mit *Olivenöl* bedeckt, hält sich das Pesto im Kühlschrank einige Zeit. Geschmacklich empfehlenswert ist es, z.B. *Sonnenblumensamen*, *Walnüsse* oder *Pinienkerne* im Mixer mit zu hacken.

Während der Ausleitung des Amalgams wird zur Bindung Freier Radikale die tägliche Einnahme empfohlen:

- 1 bis 2 g *Vitamin C* (z.B. in Ester-Form) - hilft beim Abbau von Schwermetallen
- *Beta-Carotin* (15.000 I.E.)
- *Zink* (30-50 mg)
- *Selen* (100-200 µg)

Bei bestehendem *Selen*mangel sollte dieses Spurenelement zusammen mit *Vitamin E* zugegeben werden.

Zur Unterbindung der Resorption von Schwermetallen im Darm, die über die Leber und die Gallenblase ausgeleitet werden, sollte verstärkt auf ballaststoffreiche Nahrung (Vollkorn, Gemüse) oder auf *Chlorella*-, bzw. auf *Flohsamentabletten* zurückgegriffen werden. Bei Einnahme des *Flohsamens* immer ein Glas Wasser dazu trinken. Die Einnahme sollte mit mindestens einer Stunde Abstand zu den Mahlzeiten erfolgen, weil sonst eher Stoffe aus der Mahlzeit absorbiert werden und der gewünschte Entgiftungseffekt nicht stattfindet.

LEBER-UNTERSTÜTZUNG

Um die Leber - unser größtes Entgiftungsorgan - in ihrer Funktion zu entlasten, empfiehlt es sich, dem Körper eine Reihe orthomolekularer Mikronährstoffe zuzuführen:

B-Vitamine entwickeln ihre beste Wirkung im Verbund (sog. B-Komplexe), weil sie sich gegenseitig in ihren Aufgaben ergänzen. Sie schützen das Lebergewebe vor dem vorzeitigen Umbau im Bindegewebe (Leberzirrhose) und fördern die Entgiftungsvorgänge.

Löwenzahn und *Mariendistel* sind für ihre entgiftenden Eigenschaften lange bekannt. *Löwenzahn* und *Artischocke* fördern den Gallenfluss und erleichtert somit die Fettverdauung.

Die Spurenelemente *Zink, Kupfer, Selen* und *Mangan* sind nicht nur wirksam gegen aggressive Sauerstoffradikale, sondern sie unterstützen auch zahlreiche Enzymvorgänge, an denen die Leber beteiligt ist.

MSM ist eine Quelle für Schwefel, der für die Assimilation der essentiellen Aminosäuren *Methionin* und *Cystein* unerlässlich ist. Bei einem Schwefelmangel steigt deutlich das Risiko für chronische Erkrankungen.

Durch eine nachhaltige Entgiftung nimmt auch die allgemeine Energie im Körper zu. Nach Ausleitung von Stoffwechselabbauprodukten werden alle Körperzellen besser mit Nährstoffen und Sauerstoff versorgt. Der Grundumsatz steigt, das Fettgewebe schrumpft, die körperliche Fitness verbessert sich.

Haut, Haare und Nägel gewinnen an Glanz und Festigkeit und das Herz-Kreislauf-System wird entlastet. Die mentalen Funktionen (z.B. Merkfähigkeit), Konzentration und Gedächtnis profitieren ebenfalls von der Entgiftung und Entschlackung mit orthomolekularen Nahrungsergänzungen.

Mit multifunktionellen Mikronährstoffen, wie Vitaminen, Mineralstoffen, Aminosäuren, Enzymen und sekundären Pflanzenstoffen können nach einer Entgiftungskur die leer gewordenen Körperspeicher wieder sinnvoll aufgefüllt werden.

Wichtig: Während der gesamten Regenerationskur sollte Alkohol gemieden werden. Die Trinkmengen (am besten stilles Mineralwasser oder Schachtelhalmtee) sollten auf mindestens 2,5 Liter am Tag erhöht werden. Wer viel trinkt, verdünnt das Blut und entlastet die Nieren in ihren Ausleitungsaufgaben. Dadurch werden giftige Bestandteile aus dem Körper schneller hinaus befördert.

HAUT & HAARE

Die Haut ist nach der Schleimhaut das größte menschliche Organ. Rund 1,8 Quadratmeter schützen uns vor äußeren Einflüssen, weisen Schmutz und Krankheitserreger ab und gleichen Temperaturen aus. Damit die Haut ihre multifunktionellen Aufgaben erfüllt, müssen Millionen von Zellen regelmäßig mit Nährstoffen versorgt werden. Dies geschieht über die obere Schicht der Lederhaut (Dermis) mit ihren unzähligen Blutkapillaren, welche auch die Unterhautschichten mit wichtigen Mikronährstoffen ernähren.

Die Haut unterliegt ständiger Erneuerung. Ab dem 25. Lebensjahr wird der Regenerationsvorgang verlangsamt und der Alterungsprozess beginnt. In einer älteren Haut werden zunehmend Fältchen sichtbar und ihr Feuchtigkeitsgehalt nimmt ab.

Eine Mangelversorgung der Haut- und der Bindegewebszellen mit wichtigen Mikronährstoffen sowie eine unzureichende Zellentgiftung und übermäßige Belastung mit Freien Radikalen können im Zuge einer unausgewogenen Ernährung zu vorzeitiger Hautalterung, unreinem Teint, erschlafftem Bindegewebe oder Cellulite führen.

Mehr als 80 % aller sichtbaren Zeichen der Hautalterung sind durch UV-Licht ausgelöst. Die Zahl aller Hautkrebserkrankungen in Deutschland hat sich in den vergangenen zwei Jahrzehnten versechsfacht.

Das Melanom ist die Tumorart mit der weltweit höchsten Inzidenzsteigerung (Deutschland ca. 8 %).

UV-SCHUTZ

Unbestritten ist, dass in den letzten Jahren die Intensität der UV-Strahlung zugenommen hat, was einen Mehrbedarf an Hautschutzmaßnahmen mit sich bringt. Dazu gehört ohne Zweifel eine entsprechende Hautschutzkleidung, Sonnenschutzmittel, aber eben auch die Hautpflege von innen durch eine antioxidanzienreiche Ernährung und eine optimale Versorgung mit Mikronährstoffen.

Die Haut vermag in gewissem Umfang, sich vor den negativen Auswirkungen der Sonnenstrahlung zu schützen: Ein Teil der UV-Strahlung wird durch die obere Hautschicht, die Hornhaut, reflektiert und bei wiederholter Bestrahlung verdickt sich diese Hautschicht, man spricht von der „Lichtschwiele".

Zum anderen wandeln die Melanozyten der Haut Pigmentvorstufen in das endgültige Hautpigment Melanin um. Man sieht eine sofortige Bräunung, die allerdings nicht lange anhält.

Letzlich können Melanozyten den Pigmentfarbstoff Melanin auch neu bilden. Melanin stellt eine Art Schutzschild für die darunter liegenden Zellen dar, weil es UV-Licht abfiltern kann. Je mehr Melanin bereits gebildet ist, desto mehr Strahlung kann abgefangen werden. Die Menge an Melanin, die gebildet werden kann, hängt dabei vom Hauttyp ab: Hellhäutige können nur wenig Melanin produzieren und sind deshalb sonnenempfindlicher als dunklere Hauttypen. Werden die genannten Schutzsysteme überschritten, kommt es zum Sonnenbrand.

Zum Schutz der Haut gegen UV-Strahlung sind hauptsächlich *Carotinoide, Zink* und *Selen* wirksam.

Ozonexposition erzeugt einen oxidativen Stress in Atemwegen und Haut.

Ozonbedingte Zellschäden können mit *Vitamin C* und *E* sowie Thiolverbindungen, wie *NAC-Cystein*, verhindert werden. Thiolähnliche Verbindungen sind in zahlreichen Pflanzen enthalten, z.B. in Zwiebeln, Bärlauch, Knoblauch, Rettich und Meerrettich.

Eine Kombination von Vitamin B 3 (Niacinamid), Folsäure und PABA wirkt gegen alle Formen der Lichtdermatosen. So sind 56 Patienten mit einer Sonnenallergie mit 3 x täglich 250 mg Niacinamid und 5 mg Folsäure und PABA behandelt worden. Bei 51 Patienten trat nach 3 Tagen eine erhebliche Besserung ein, bei 5 Patienten war nur eine leichte Veränderung zu registrieren. Auf Anraten von Prof. Dr. Weber Hersbruck ist eine Prävention bei Lichtdermatosen in dieser Form der Applikation angezeigt.

HYALURONSÄURE
ist eine Verbindung, die in jedem Körpergewebe vorhanden ist. Die höchsten Konzentrationen kommen in den Bindegeweben von Haut und Knorpel vor. Die Haut besteht aus über 50 % aus der körpereigenen Hyaluronsäure. Sie unterstützt die Struktur der Haut, indem sie als Wassermagnet fungiert, um extrazelluläre Flüssigkeiten zu erhalten.

ALGENEXTRAKTE
fördern die Hautdurchblutung, wirken vitalisierend und straffend. Die Hornhaut wird geschmeidiger.

KAMILLENWIRKSTOFFE
wie Azulen und Bisabolol haben entzündungshemmende, heilungsfördernde und keimtötende Wirksamkeit.

ALLANTOIN
als Inhaltsstoff der Rosskastanie übt beruhigende und heilungsfördernde Wirkung auf die Haut aus.

HAMAMELISEXTRAKTE
kräftigen die Gefäße, fördern die Granulation und wirken adstringierend.

AVOCADOÖL
Das wirkstoffreiche Öl ist besonders mild und hautglättend. Von der Haut wird es schnell aufgenommen und ist insbesondere bei trockener und schuppiger Haut sehr wirksam.

JOJOBAÖL
erzeugt ein samtiges, weiches Hautgefühl, wird schnell von der Haut aufgenommen und hält die Haut glatt und geschmeidig.

OLIVENÖL
enthält ungesättigte Fettsäuren, die unserem Hautfett ähnlich sind und deshalb gut aufgenommen werden können.

WEIZENKEIMÖL
ist besonders vitaminreich, es macht die Haut geschmeidig und übt einen günstigen Einfluss auf brüchige Nägel aus.

CITRONELLÖL
wirkt stark antiseptisch, erfrischt und verbessert die Elastizität der Haut.

ROSMARINÖL
wirkt bakterizid, belebend und fördert die Durchblutung der Haut.

MENTHOL
als Bestandteil des Pfefferminzöls wirkt kühlend, erfrischend, juckreizlindernd und bakterizid.

LAVENDELÖL
wirkt beruhigend und heilungsfördernd auf strapazierte Haut.

MANUKAÖL
aus den Blättern des Manukastrauchs hat sich aufgrund seiner Hautfreundlichkeit und Breitbandwirkung gegen Bakterien und Pilze in dermatologischen Prüfungen als besonders geeignet für die Fußhygiene erwiesen.

ACKERSCHACHTELHALM
ist reich an Kieselsäure und wirkt sich stabilisierend auf das Bindegewebe aus. Dadurch wird die Elastizität und die Widerstandsfähigkeit der Haut erhöht.

AUGENTROST
wird in der Kosmetik für die Pflege empfindlicher und geröteter Haut empfohlen.

CHINARINDE
In der Kosmetik haben sich Auszüge aus der Chinarinde aufgrund ihrer durchblutungsfördernden, tonisierenden und bakteriostatischen Eigenschaften bewährt.

EFEUBLÄTTER
werden in der Kosmetik zur porentiefen Hautreinigung verwendet.

GINSENG
Die anregende, kräftigende und hautschützende Wirkung dieser Wurzel wird besonders bei geröteter, unreiner und trockener Haut genutzt.

JOHANNISKRAUT
hat sich als wundheilendes, durchblutungsförderndes Mittel auch bei empfindlicher Haut bewährt.

MELISSE
enthält einen Wirkstoff, der bei Lippenherpes die Vermehrung der Bläschen verhindert und die Bläschen heilen schneller ab.

RINGELBLUME
wird eingesetzt zur Reinigung und Kräftigung der Haut, gegen Akne und zur Verhütung von Sonnenbrand.

SALBEI
Aufgrund entzündungshemmender Wirkung empfehlen sich Salbeiauszüge zur Behandlung fettiger und unreiner Haut.

SÜSSHOLZWURZEL
Für die Kosmetik ist die antiphlogistische Aktivität des Hauptbestandteiles Glycyrrhizinsäure von Bedeutung. Die bakteriostatische Wirkung gegenüber Streptococcus ist erwiesen.

WALNUSS
Die Inhaltsstoffe der Blätter und der Fruchtschalen haben positive Effekte bei Ekzemen, Akne, Frostschäden und Verbrennungen.

WEITERE TIPPS FÜR SCHÖNE HAUT

- Bewegung sorgt für eine gute Durchblutung des gesamten Körpers und somit für einen frischen und strahlenden Teint.
- Sonne in Maßen genießen! Zu viel davon lässt die Haut sichtbar schneller altern! Denken Sie also immer an einen wirksamen Sonnenschutz.
- Viel trinken! Am besten stilles Mineralwasser oder ungesüßten Tee. Wasser füllt die Feuchtigkeitsdepots der Haut und des Bindegewebes auf und entschlackt.
- Ausschlafen! Der gute alte Schönheitsschlaf hat nichts von seiner Wirksamkeit verloren. Im Schlaf wird die Produktion neuer Hautzellen angeregt.

BASISCHE KÖRPERPFLEGE

Mit Talg und Schweiß gelangen saure Substanzen aus den Körper-Unterhaut-Depots nach außen und reizen die Haut an ihrer Oberfläche. Durch den Einsatz saurer Körperpflegeprodukte (pH-Wert 5,5) werden die sauren Stoffe von der Hautoberfläche wieder nach innen gedrängt. Dies ist eine der möglichen Ursachen, warum in den letzten Jahren die Zahl der Hautkrankheiten deutlich zugenommen hat.

Bis in die 50er Jahre war die gesamte Körperpflege basisch! Das bekannte Beispiel dafür ist die basische Kernseife (pH-Wert 8,5-9,0). Patienten mit dermatologischen Beschwerden (z.B. Neurodermitis) schätzen bis heute ihre milde, sogar juckreizlindernde Wirkung.

Basische Körperpflege bedeutet bessere Reinigung, gründlichere Erneuerung der Haut durch konsequentes Abtragen alter, abgestorbener Hautschichten und Verbesserung des natürlichen Feuchtigkeitsgehaltes der Haut.

Basische Körperpflege fördert die Öffnung der Hautporen und beschleunigt so den natürlichen Prozess der Homöostase, d.h. der Zersetzung von Zellen und Ausscheidung von Stoffwechselabbauprodukten von innen nach außen.

Die so eingeleitete Selbstregulation führt zur Ausscheidung von Säuren und Schlacken unter Neubildung des Schutzfilmes. Unter dem Einfluss der basischen Körperpflegeprodukte werden die „Poren“ auf der Hautoberfläche durchlässiger, die austretenden Säuren abgepuffert und der natürliche Ausleitungs- und Aufbauprozess der Hautschichten verstärkt.

Die Erneuerung des kompliziert aufgebauten Hornhautschutzes und die Anhebung des pH-Wertes der Hautoberfläche bewirkt weitaus geringere Störanfälligkeit der Hautzellen gegenüber Bakterien, Viren und Pilzen.

Unter basischer Körperpflege wird die Haut auf eine schonende Art dazu angeregt, ihren natürlichen, optimalen Feuchtigkeits- und Fettgehalt zu erhalten oder wieder aufzubauen. Dazu ist keine Zufuhr von externen Fettträgern oder künstlichen Feuchtigkeitsspendern notwendig.

Durch die basische Einwirkung eines Körperpflegemittels mit pH-Werten über 7,5 auf die saure Oberfläche der Haut (pH 5,5) wird die Ausleitung der abgelagerten, sauren Schlacken aus dem Unterhautgewebe nach dem Osmosegesetz durch die Hautporen nach außen gefördert.

BASISCHE BÄDER

Eine Wohltat für trockene, strapazierte Haut stellen die basischen Vollbäder dar. Das Badewasser, dem *Basisches Badesalz* beigemischt wurde, erreicht einen pH-wert von 8,5 und reagiert während der Anwendung mit der sauren Haut (pH 5,0 - 5,5) nach dem bekannten Osmose-Prinzip. Saure Stoffe, deponierte Ablagerungen und Toxine werden aus dem Unterhautgewebe an die Hautoberfläche befördert, wo sie neutralisert werden. Danach sinkt der Wasser-pH-Wert auf 6 - 7.

Basische Bäder sind auch für Kleinkinder geeignet. Die Badedauer sollte möglichst 1 Stunde nicht unterschreiten. Nach der Anwendung fühlt sich die Haut geschmeidig an und schrumpelt nicht. Die natürliche Talgproduktion wird angeregt und der Feuchtigkeitsgehalt der Haut verbessert.

Von basischen Bädern profitieren insbesondere Personen mit Intoxikationen, rheumatischen Beschwerden, Gicht, Vergiftungen, Haarausfall, Hautmykosen, Akne, Neurodermitis und Osteoporose.

Das Basische Badesalz kann auch für Teilbäder verwendet werden, z.B. Sitz-, Fuß- oder Armbäder.

VOLKSKRANKHEITEN

Neben rheumatischen Erkrankungen (siehe Kapitel „Mikronährstoffe für den Bewegungsapparat") gehören Allergien, Herz-Kreislauf-Erkrankungen (z.B. Bluthochdruck), Diabetes mellitus, Venenerkrankungen und Krebs zu den häufigsten Volkskrankheiten. Eines haben diese Krankheiten gemeinsam: Der volkswirtschaftliche Schaden, der durch Behandlung, Arbeitsausfälle und Pflege entsteht, ist immens!

Mit gesunder Lebensführung, ausgewogener Ernährung und orthomolekularen Mikronährstoffen kann oftmals Volkskrankheiten vorgebeugt und ihre Folgen erheblich gelindert werden.

ALLERGIEN

Durch die starke Umweltbelastung mit körperfremden Substanzen, die wir täglich über die Atmung und Verdauung aufnehmen, steigt auch die Zahl der Allergiekranken kontinuierlich.

Juckende Ekzeme, Heuschnupfen, allergisches Asthma sowie Nahrungsmittelunverträglichkeiten sind die häufigen Antworten auf den geänderten Lebenswandel der letzten Jahrzehnte.

Hohe *Calcium*-Gaben lindern akute Allergieerscheinungen, z.B. bei Heuschnupfen oder Hautausschlag.

Menschen mit trockener, juckender und schuppiger Haut profitieren von *Biotin*-haltigen Nahrungsergänzungen.

Vitamin C lindert Allergien (besonders Heuschnupfen).

Gamma-Linolensäure (GLA) - enthalten in Nachtkerzenöl - ist der wichtigste Nährstoff für Neurodermitis-Kranke. Durch ungesättigte Fettsäuren werden allergische Reaktionen, trockene Haut und Ekzembildung reduziert.

Studien beweisen, dass *probiotische Bakterienkulturen* einen günstigen Einfluss auf den Hautstoffwechsel nehmen, mit großen Vorteilen bei allergischen Ekzemen und Neurodermitis.

MSM kann die allergischen Symptome reduzieren.

OPC-Wirkstoffe in den *Weintraubenkernen* oder *Pinienrinde* sind nicht nur ausgezeichnete Antioxidantien, sondern zeigen auch antiallergische Eigenschaften.

DIABETES MELLITUS

Mindestens vier bis fünf Millionen Menschen sind in Deutschland von Diabetes mellitus betroffen. Der Typ-1-Diabetes beginnt meist in der Jugend und entsteht durch eine immunologische Zerstörung der Insulin produzierenden Zellen in der Bauchspeicheldrüse. Der Typ-2-Diabetes entwickelt sich in der Regel im höheren Lebensalter (> 40 Jahre). Da hier eigentlich Insulin in ausreichender Menge vorhanden ist, aber nicht aktiv werden kann, spricht man beim Typ-2 von einer relativen Insulinresistenz. 90 % der Diabetes-Patienten gehören zum Typ-2.

Da Diabetiker an eine bestimmte Ernährungsweise gebunden sind, kann man davon ausgehen, dass sie mit vielen Mikronährstoffen permanent unterversorgt sind.

Einige orthomolekulare Nahrungsergänzungen eignet sich zur täglichen Versorgung von Zuckerkranken. Mit bestimmten Mikronährstoffen kann der Blutzucker ausgeglichen, die Spätfolgen von Diabetes (Erblindung, diabetischer Fuß, Nervenschäden, Nierenversagen) präventiv vermieden und die Lebensqualität der Diabetiker verbessert werden.

Vitamin B3 (Niacin) ist für den Glucosetoleranzfaktor GTF mitverantwortlich, der zusammen mit Insulin den Blutzuckerspiegel reguliert.

Chrom übt einen positiven Einfluss auf den Zuckerstoffwechsel aus. Bei Menschen mit niedrigem oder zu hohem Blutzucker fehlt häufig *Chrom*.

Zuckerkranke erleiden häufiger Infekte und haben Probleme mit ihrer Haut - daher die Wichtigkeit einer *Zink*-Versorgung. *Zink* ist für den Zuckerkranken wichtig, weil es über den Urin vermehrt ausgeschieden und zusätzlich im Dünndarm schlechter aufgenommen wird. Hinsichtlich der Ernährung wird dem Diabetiker zu Recht empfohlen, sich vollwertig zu ernähren, da Ballaststoffe den Zuckeranstieg im Blut bremsen und die Fettwerte reduzieren können. Bedauerlicherweise enthält aber gerade Fasergemüse Stoffe, die Zink im Darm binden und ihn der Aufnahme entziehen.

Alpha-Liponsäure kann Linderung der Beschwerden bei Zuckerkranken mit Missempfindungen bei diabetischer Polyneuropathie bringen. *Alpha-Liponsäure* verbessert die Nervenleitgeschwindigkeit und den Blutfluss, wodurch die Schmerzen und das Kribbeln in den Beinen abnehmen.

Heidelbeerblätter gelten in der Volksmedizin als Antidiabetikum. Die hohen Anthocyane-Anteile in den Früchten stärken die Sehkraft und wirken nachgewiesenermaßen vorbeugend gegen die gefürchtete Makula-Degeneration.

Quercetin hemmt die Umsetzung von Glucose in Sorbit. Zu viel Sorbit kann bei Diabetikern zu Neuropathien, Augenschäden und Glaukombildung beitragen.

Zimt und insbesondere die darin enthaltenen Polyphenole tragen zur Blutzuckersenkung bei. Untersuchungen konnten eine Herabsetzung der Blutzuckerwerte bei Diabetikern um bis zu 30 % nachweisen.

HERZ-KREISLAUF-ERKRANKUNGEN

Herz-Kreislauferkrankungen sind nach wie vor die Todesursache Nr. 1 in der westlichen Welt.

Eine wichtige Aufgabe kommt der Prävention zu. Dazu gehören u.a.:

- Blutdruckregulierung
- Blutfettsenkung
- Blutzuckernormalisierung
- Senkung des Homocysteinspiegels
- Senkung des sog. Lipoprotein(a)-Spiegels
- Durchblutungsförderung
- Verbesserung der Mikronährstoffversorgung

Um Spätfolgen zu vermeiden, ist die frühe Erkennung und Behandlung von Bluthochdruck unabdingbar. Ansonsten können Herzinfarkt, Schlaganfall und viele andere Gefäßerkrankungen die Folgen sein.

Ein erhöhter Homocystein-Blutspiegel kann durch die Einnahme der *Vitamine B6, B12* und *Folsäure* wirksam gesenkt werden.

Zu hoher Lipoprotein(a)-Blutspiegel kann durch eine *Vitamin-C*-Substitution verringert werden.

B-Vitamine in hoher Dosierung gelten als sehr wirksame „Blutgefäßputzer". Damit werden Kalkablagerungen an den Gefäßinnenwänden abgebaut.

Die Mineralstoffe *Kalium, Calcium* und *Magnesium* regulieren den Herzrhythmus und entkrampfen die Herzmuskulatur.

Coenzym Q10 ist ein wichtiger Energiespender für das Herz. Es schützt den Herzmuskel vor oxidativem Stress, gleicht Herzrhythmusstörungen aus und senkt hohen Blutdruck. Aktuelle Studien belegen, dass die Überlebensrate bei dekompensierter Herzinsuffizienz nach Behandlung mit *Coenzym Q10* sogar verdreifacht werden kann!

L-Carnitin verbessert die Herzleistung, entkrampft das Herz und sorgt für bessere Durchblutung.

Weißdorn, die bekannteste Pflanze gegen Herzschwäche, hebt die Mangelversorgung des Herzens mit Sauerstoff auf und fördert die Kontraktionskraft des Herzmuskels.

Knoblauchextrakte wirken einer Gerinnselbildung vor. Außerdem zeigt *Knoblauch* positive Auswirkungen auf den Fettstoffwechsel und kann deshalb langfristig gegen Arteriosklerose eingesetzt werden.

(Fissuren) und letztlich Karies unter dem Schmelz im Dentin als Zerfall der Zahnsubstanz.

Ebenso fördert das saure Milieu im Mund die Lebensbedingungen für viele Bakterienarten, so dass Entzündungen, Zahnfleischbluten, Parodontose mit Knochenverlust, Lockerung der Zähne und schließlich Zahnverlust entstehen können.

Ist das Gewebsmilieu, also Bindegewebe, Lymphe, Blut, und Speichel in einem optimalen Pufferzustand, kann der Organismus auf unterschiedliche Veränderungen des Milieus (sauer oder basisch) aus der Nahrung entsprechend ausgleichend reagieren. Dazu müssen jedoch genügend Mineralien in den Depots (Knochen, Bindegewebe, Blutsystem, lymphatisches System) vorhanden sein.

Besonders im Wachstum bei Kindern und Jugendlichen besteht ein sehr hoher Mineralienbedarf (Bausteine für den Knochenaufbau). Fehlt hier das Angebot an Mineralstoffen, Spurenelementen und Vitaminen, kann es zu unregelmäßigem oder unproportionalem Längenwachstum, zu schlechten Ausbildung der Körperhaltung und somit zu orthopädischen Haltungsschäden führen.

Im Bereich des Gesichtsschädels kann eine gute Entwicklung und Ausformung der Kieferknochen bei Mangel an Vitalstoffen nicht erfolgen. Das führt zum Engstand von Zähnen, so dass dies wiederum zu schlechter Entwicklung der Atemwege und zu einer schlechten Atmung führt. Häufige Symptome: Schlafen oder Atmen mit offenem Mund, Entzündungen an den Mundwinkeln, häufiger Schnupfen und Erkältung, Müdigkeit und Konzentrationsschwäche.

Oft sind dann kieferorthopädische Maßnahmen notwendig, um die Fehlhaltung des Kiefers und der Zunge zu korrigieren und so auch die Atmung über die Nase zu entwickeln. Eine gute Knochenentwicklung ist jedoch die fundamentale Voraussetzung für eine erfolgreiche kieferorthopädische Therapie!

Wir unterstützen in unserer Praxis das Knochenwachstum bei Kindern mit *Kidvits*, bei Jugendlichen mit *Full Spectrum Mineral* der Firma *NOW*. Besonders wichtig ist das Zeitfenster vom 13. - 18. Lebensjahr, weil durch Hormonumstellung ein schnelles Knochenwachstum die Mineralien quasi aufsaugt und die Zähne in der Mineralisierung vernachlässigt werden. Häufig konnte eine wesentlich bessere Entwicklung des Mittelgesichtes beobachtet werden, so dass eine kieferorthopädische Behandlung erleichtert wurde oder gar nicht mehr notwendig war.

Bei Parodontalerkrankungen empfehlen wir *Special Two* als Tablette oder Kapsel, *Vitamin C1000* bis ca. 2000 mg/d und *Acerola - Lutschtabletten* für eine erhöhte lokale Vitamin C Wirkung im Mund. In vielen Fällen kam durch eine regelmäßige Einnahme das Mundmilieu wieder ins Gleichgewicht, so dass sogar gelockerte Zähne wieder fest wurden oder Zahnverluste vermieden werden konnten.

VITAMIN B5 - PANTHOTHENSÄURE-, VITAMIN E-MANGEL
Pantothensäure ist entscheidend an der Produktion von z. B. Kortisol in der Nebennierenrinde beteiligt. Kortisol und verwandte Stoffe wie Cortison helfen Stress-Situationen meistern und hemmen gleichzeitig Entzündungen im ganzen Körper. Bei den meisten Allergikern sind jedoch die Vitmamin-B5-Reserven erschöpft, und der Kortisol-Spiegel ist entsprechend niedrig. Wird der Heuschnupfen zu massiv, kommt z. B. Atemnot dazu, muss deshalb das Cortison von außen zugeführt werden. Dadurch wird die Bildung von den sog. Leukotrienen gebremst. Deshalb sind in modernen Heuschnupfen- oder Asthmamitteln chemische Leukotrien-Blocker enthalten. Doch geht dies auch auf natürlichem Weg: Vor allem Vitamin E ist hier das Mittel der Wahl, da es im Verbund mit Vitamin A und Omega 3-Fettsäuren durch Enzym-Blockierung direkt in die Synthese besagter Leukotriene eingreift. Dies erklärt auch den anti-entzündlichen Effekt von Vitamin E bei schmerzhaften Gelenkbeschwerden.

HISTAMININTOLERANZ
Das Gewebe-Hormon Histamin kennen Pollen-Allergiker zu Genüge, denn seine Freisetzung ist für die meisten ihrer Beschwerden verantwortlich. Aber auch mit der Nahrung nehmen wir täglich etwa 4 mg Histamin auf, vor allem durch lang gelagerte oder gereifte Lebensmittel, alkoholische Getränke oder scharfe Gewürze. Deshalb kann es 30 bis 60 Minuten nach einer histaminreichen Mahlzeit zu Naselaufen, Hitze und Rötung im Gesicht, Juckreiz und Quaddeln, Durchfällen, Atembeschwerden oder Kopfschmerzen kommen. Da wir bei vielen Pollen-Allergikern Histaminintoleranz gefunden haben, ist daher beim Essen und Trinken Vorsicht geboten.

Doch auch hier helfen Nährstoffe weiter:

-Diaminoxidasen sind Enzyme, die freigesetztes Histamin schon im Darm-Lumen abbauen. Dazu brauchen sie aber unbedingt Vitamin B2, B6 und Magnesium.

- Vitamin C, Vitamin B3, und das Spurenelement Mangan wirken als natürliche Antihistaminika. Sie senken den Histamin-Spiegel oder verhindern seine Freisetzung.

- Zink und Calcium blockieren ebenfalls die Histamin-Freisetzung und induzieren enzymatischen Abbau.

- Die Aminosäure Methionin entschärft Histamin durch Bildung von harmlosem N-Methyl-Histamin.

Viel zu wenig beachtet wird in diesem Zusammenhang die besondere Bedeutung von Magnesium. In Untersuchungen konnte gezeigt werden, dass mehr als die Hälfte der Patienten mit Asthma, Heuschnupfen oder urtikariellem Hautekzem einen primären Magnesium-Mangel aufwiesen.

Magnesium-Ionen helfen, indem sie bei der Histamin- und Leukotrien-Freisetzung eine wichtige regulierende Funktion ausüben. Dabei hat Magnesium auf die bronchiale Muskulatur einen entspannenden Effekt.

T-ZELL SUPPRESSOR-MANGEL

Normalerweise hat die Natur ein Allergie-Kontrollsystem, das überschießende Reaktionen verhindert. Diese Funktion wird von den sog. T-Suppressor-Zellen ausgeübt, die dazu in der Thymus-Drüse ausreifen. Fehlen spezifische Nährstoffe, findet dieser Vorgang nur unvollständig statt. Wichtig sind hier Zink, Selen, Vitamin C, D, B-Komplex, Magnesium, sowie Gamma-Linolen-Säure vom Nachtkerzenöl.

Naturheilpraxis
für Kinesiologie
HP Britta Wallentowitz
Lessingstr. 19
22087 Hamburg
www.kinesiologie-wallentowitz.de

KINESIOLOGIE

Die Kinesiologie (nach Dr. Dietrich Klinghardt) ist eine in den USA entwickelte Bio-Feedback Methode, die genaue Hinweise zur Regulations- und Funktionsfähigkeit des Organismus liefert.

Alle körperlichen und seelischen Vorgänge spiegeln sich in der Funktionsweise unserer Muskeln wieder. Durch den einfachen Muskeltest kann der Körper selbst Auskunft geben über folgende Bereiche:

1. Das autonome Nervensystem (als übergeordnete Steuerzentrale)

2. Das Immunsystem

3. Verborgene Nahrungsmittelallergien- und Unverträglichkeiten

4. Organschwächen- und Belastungen

5. Toxische Belastungen (v. a. mit Schwermetallen)

Ein wichtiger Bereich meiner täglichen Arbeit bezieht sich auf die Ausleitung von Schwermetallen v. a. auf Quecksilber (Hg).

Zahlreiche Studien belegen, dass Quecksilber, z. B. aus unseren Zahnfüllungen, Hormone und Enzyme schädigt und blockiert. Dadurch wird v. a. der Hirn-, Nerven- Eiweiß- und Kohlenhydratstoffwechsel nachhaltig gestört.

Quecksilber schwächt das Immunsystem, so dass alte virale und bakterielle Infekte nicht mehr ausheilen können und die Patienten permanent unter den Auswirkungen ihrer subakuten Infekte leiden.

Außerdem funktioniert der körpereigene Entgiftungsmechanismus nicht mehr und so werden mit anderen

Schadstoffen, die unfreiwillig aufgenommen werden (z. B. Formaldehyd, Holzschutzmittel, Lösungsmittel etc.) stark krankheitsauslösende Synergien gebildet: Es entstehen unklare chronische Beschwerdebilder, Polyneuropathien, Gelenkbeschwerden, Autoimmunerkrankungen, Herz-Kreislaufbelastungen, chronische, therapieresistente Entzündungen, chronische Darmbeschwerden etc.

Zunächst prüfe ich in einer Abfolge von „Vortests", ob das autonome Nervensystem des Patienten im Muskeltest überhaupt verlässliche Informationen liefern kann. Wenn dieses z.B. durch Schwermetalle, Lösungsmittel, Malokklusion, elektromagnetischen Stress, Geopathie, Nahrungsmittelallergene, psychischen Stress oder akuten Zahnstörfelder blockiert ist, so muss dieses zunächst herausgefunden und behandelt werden, bevor überhaupt eine Therapie der aktuellen Problematik des Patienten möglich wird.

Ferner kann ein Patient auch massiv blockiert sein durch einen starken Mangel an Nährstoffen oder Fettsäuren.

Ein Beispiel aus meiner täglichen Praxis: Als die 40-jährige Patientin zu mir kommt, leidet sie unter folgenden Symptomen: Totale Erschöpfung, sie kann nur noch halbtags arbeiten; ständige Kopfschmerzen mit Übelkeit, am schlimmsten früh morgens; Neurodermitis; massive Atembeschwerden auf Grund allergischen Asthmas (sie hat früher Cortison bekommen); Hände und Gesicht fühlen sich wie taub an.

Durch den kinesiologische Muskeltest diagnostiziere ich in der ersten Behandlungsstunde: Unverträglichkeit von Kuhmilchprodukten; massive Belastung von Aflatoxinen (Sporen des Schwarzschimmelpilzes Aspergillus niger) v. a. auf den Bronchien, diverse Störfelder aufgrund von Narben; starke Amalgambelastung; Malokklusion (Fehlbiss) rechts; sowie Belastungen von Thioäther (Eiweißabsonderungen aus ihren wurzeltoten Zähnen) und eine leichte Asbestbelastung.

Wir beginnen die Ausleitung der Schwermetalle mit Algentabletten und sie bekommt isopathische Medikamente (Fa. Sanum) zur Milieusanierung. Die diversen Narben werden entstört und ich überweise sie an eine naturheilkundliche Zahnärztin zur Regulierung der Malokklusion.

Als die Patientin zum zweiten Behandlungstermin kommt, leidet sie unter der aufgetretenen Erstverschlimmerung. Ich stellte sie mit anderen Medikamenten neu ein und kräftigte den Leberstoffwechsel. Diesmal bekam sie zur Tonisierung *Full Spektrum Minerals* und *Omega 3 Fettsäuren* (von der Firma Podo Medi). Es geht ihr sofort bedeutend besser.

Nachdem die Schwermetalle ausgeleitet sind, das Gebiss saniert und der Organstoffwechsel wieder reguliert ist, fühlt sie sich wieder leistungsfähig. Die Allergien sind fast völlig verschwunden, sie kann wieder durchatmen und wird nicht mehr von multiplen Allergiesymptomen gequält. Die notwendige Lebensqualität ist wieder hergestellt.

BEZUGSQUELLEN

VITALSTOFFE

podo medi netherlands B.V.
Rigtersbleek Aalten 4
NL - 7521 RB Enschede
Tel.: 0800 - 93 15 15 15
Fax 0800 -93 16 16 16
E-Mail: info@podomedi.com
Internet: www.podomedi.com

Vitortho B.V
Loire 166
NL - 2491 AL Den Haag
Tel: +31(0) 70 / 30 10 703
Fax: +31(0) 70 / 30 10 694
E-Mai: Info@vitortho.nl
Internet: www.vitortho.nl

Vitalavance - Institut
Villiper Hauptstraße 35
D - 53343 Wachtberg-Villip
Tel.: +49(0) 228 / 9525270
Fax +49(0) 228 / 9525250
E-Mail: info@nutrimobil.com
Internet: www.nutrimobil.com

Aley-Biologicals B.V
Kooperstraat 17
NL - 6291 AH Vaals
Tel.: +31(0) 43 / 308 0285
Fax: +31(0) 43 / 380 0290
E-Mail info@aleybio.com
Internet: www.alyxbio.com

De Roode Roos
Loire 166
NL - 2491 AL Den Haag
Tel.: +31(0)70 / 301 07 01
Fax: +31(0) 70 / 301 07 07
E-Mail: info@derooderoos.com
Internet: www.derooderoos.com

PHYTOTHERAPIE HOMÖOPATHIE

Pharm. Fabrik Kattwiga GmbH
Zur Grenze 30
D- 48529 Nordhorn-Brandlecht
Tel: +49(0) 5921 / 78 02-0
Fax: +49(0) 5921 / 78 02-20
email: info@kattwiga.de
Internet: www.kattwiga.de

Homöopathisches Laboratorium A. Pflüger GmbH & Co. KG
Röntgenstraße 4
D - 33378 Rheda-Wiedenbrück
Tel.: +49(0) 52 42 / 94 72 0
Fax: +49(0) 52 42 / 94 72-20
E-Mail: info@pflueger.de
Internet: www.pflueger.de

Cefak KG
Ostbahnhofstr. 15
D - 87437 Kempten
Tel.: +49(0) 831 / 57401 - 0
Fax +49(0) 831 / 57401 - 50
E-Mail cefak@cefak.de
Internet: www.cefak.de

HAARMINERALANALYSE

Micro Trace Minerals GmbH
Röhrenstr. 20,
D-91217 Hersbruck
Tel.: +49(0) 91 51 / 43 32
Fax: +49(0) 91 51 / 23 06
E-Mail: info@microtrace.de
Internet: www.microtrace.de

GESELLSCHAFTEN FÜR ERNÄHRUNG

Deutsche Gesellschaft für Ernährung e. V.
Godesberger Allee 18
D - 53175 Bonn
Tel: +49(0) 228 / 3776-600
Fax:+49(0) 228 / 3776-800/802
E-Mail: info@dge.de
Internet: www.dge.de

Schweiz. Gesellschaft für Ernährung
Effingerstr. 2
Postfach 8333
CH - 3001 Bern
Tel. +41(0) 31 / 385 00 00
Fax +41(0) 31 / 385 00 05
E-Mail: info@sge-ssn.ch
Internet: www.sge-ssn.ch

Österreichische Gesellschaft für Ernährung
Zaunergasse 1-3 (Palais Fanto)
A- 1030 Wien
Tel: +43 (0) 1 / 714 71 93
Fax: +43(0) 1 / 718 61 46
E-Mail: info@oege.at
Internet: www.oege.at

LITERATUR

BÜCHER

Bayer, W., Schmidt, K.: Vitamine in Prävention und Therapie, Hippokrates-Verlag Stuttgart, 1991

Bertelsmann-Stiftung: Mineralstoffe und Spurenelemente, Verlag Bertelsmann-Stiftung Gütersloh, 1992

Blaurock-Busch, E.: Orthomolekular-Therapie in der Praxis, Natura Med Verlag Neckarsulm, 1995

Braverman, E.: The Healing Nutrients Within., Keats Publishing New Canaan Fischer, 1997

Burgerstein Dr., Lothar: Burgersteins Handbuch Nährstoffe, Karl F. Haug Verlag Heidelberg 2002

Davies, S., Stewart, A.: Nutritional Medicine, Pan Books London, 1987

Dietl, H., Ohlenschläger, G.: Handbuch der Orthomolekularen Medizin, Karl F. Haug Verlag Heidelberg, 1995

Hawkins, D., Pauling, L.: Orthomolecular Psychiatry, WH Freeman, San Francisco, 1973

Hoffer, A.: Orthomolecular Medicine for Physicians, Keats Publishing New Canaan, 1989

Jopp, A.: Risikofaktor Vitaminmangel, Karl F. Haug Verlag Heidelberg, 2000

Karsten-Weber-Stahl: Lehrbuch der Pharmakognosie, Gustav Fischer Verlag Stuttgart, 1962

Medizin Mensch Gesundheit, Sonderausg. der Helmut Lingen GmbH & Co. KG Köln, Gesamtherst.: Lingen Verlag und Werbach, M. R.: Nutriologische Medizin, Walter Oldenbourg Druckerei Vertriebs-GmbH & Hädecke Verlag Weil der Stadt, 1999 Co. KG, 85551 Kirchheim

Most, Georg Friedrich: Encyklopädie der gesamten Volksmedizin, Akademische Druck-und Verlagsanstalt Graz-Austria, 1973

Ortel, A. und Bauer, E.: Heilpflanzen-Taschenbuch, Thomas-Druckerei u. Buchhandlung, Kempen-Ndrh., 1942

Pfeiffer, C. C.: Nährstoff-Therapie bei psychischen Störungen, Karl F. Haug Verlag Heidelberg, 1993

Pfeiffer, C. C., Gonthie, P.: Equilibre Psychobiologique & Oligoaliments, Equilibres Aujourd`hui Flers, Frankreich, 1988

Porkert, M.: Klinische Chinesische Pharmakologie, Verlag für Medizin Dr. Ewald Heidelberg, 1978

Rilling, S: Kompendium der Mineralstoffe und Spurenelemente, Haug Verlag Heidelberg, 1978

Schriftenreihe "Orthomolekulare Medizin": Stiftung z. internationalen Förderung der Orthomolekularen Medizin, Postfach, CH-8640 Rapperswill

Schuitemaker, Gert E.: Das goldene Buch der Gesundheit, Ortho Communications & Science 46459 Rees, 1996

Shils, M. E., Olson, J. A., Shike, M.: Modern Nutrition in Health and Disease, Lea & Febiger, Philadelphia, 1994

Weiss, R. F., Dr. med.: Lehrbuch der Phytotherapie, Hippokrates Verlag GmbH Stuttgart 1960

Werbach, M. R.: Nutritional Influences on Illness, Third Line Press, Tarzana California, 1993

Werbach, M. R.: Foundations of Nutritional Medicine, Third Line Press, Tarzana California, 1997

Wiedemann, M.: Der Gesundheit auf der Spur, Ariston-Verlag Genf, 1989

Zimmermann, M.: Burgersteins Mikronährstoffe in der Medizin, Karl F. Haug Verlag Heidelberg, 1999

ZEITSCHRIFTEN

Aktuelle Ernährungsmedizin, Georg-Thieme-Verlag Stuttgart / New York

Journal für Orthomolekulare Medizin, Reglin Verlag Köln, Juni 2001

Journal für Orthomolekulare Medizin, Reglin Verlag Köln, März 2006

Journal of Nutritional & Environmental Medicine, Carfax Publishing, Abingdon Oxfordshire

Orthomoleculair Jaarboek 1993-2006, Ortho Institute Baarn, Ortho Communications & Science BV Baarn, 1993

Nährstoffe Aktuell, Stiftung zur internationalen Förderung der orthomolekularen Medizin, Rapperswill Schweiz

Nutrition Reviews, ILSI Press Washington D.C.

Schallmey, Wolfgang P.: Vitamine und Mineralien. Kupfer mehr als nur ein Armreif, Naturheilpraxis Nr. 01/2000

Schmidt, Prof. Dr. Dr. K., Wildmeister, Prof. Dr. Dr. W.: Vitamin E in der modernen Medizin, Band 8, MKM Verlagsgesellschaft Lenggries/Obb., 1993

The American Journal of Clinical Nutrition, The American Society for Clinical Nutrition, Bethesda, Maryland USA

The International Journal for Vitamin an Nutrition Research, Hans Huber Verlag Bern

The Journal of Applied Nutrition, International Acadamy of Nutrition and Preventive Medicine Lincoln, Nebraska USA

Vitamine, Mineralstoffe, Spurenelemente: in Medizin, Ernährung und Umwelt, Hippokrates-Verlag Stuttgart

INDEX

A

B

C

M

N

O

DER AUTOR

Sven-David Müller-Nothmann, der Herausgeber dieses Buches, ist Autor von verschiedenen Büchern, die wir Ihnen vorstellen möchten:

Die Müller-Diät

Im Rahmen seiner Tätigkeit in der Diät- und Ernährungsberatung - unter anderem an der Universitätsklinik Aachen - hat Sven-David Müller-Nothmann rund 30.000 Patientenkontakte gehabt. Besonders häufig gehörten Übergewichtige zu seinen Klienten. In der von ihm konzipierten Müller-Diät hat er seine Erfahrungen aus mehr als 10 Jahren Beratung von Übergewichtigen zu einem funktionierenden Konzept zusammengefasst. Mit der Müller-Diät kann jeder dauerhaft und gesund abnehmen.

www.muellerdiaet.de

Sven-David Müller-Nothmann: Die Müller-Diät, Schlütersche Verlagsanstalt, ISBN 3-89993-504-7, 12,90 Euro.

Kalorien-Ampel

Sven-David Müller-Nothmann hat das Ampel-Konzept zur Bewertung von Nahrungsinhaltsstoffen entwickelt. Mit der Kalorien-Ampel, mit der schon mehr als 75.000 Menschen abgenommen haben, ist die Auswahl der richtigen Lebensmittel, die bei geringem Kaloriengehalt sättigen, ganz einfach. Außerdem hat Sven-David Müller-Nothmann herausgegeben: *Diabetes-Ampel*, *Cholesterin- und Fett-Ampel*, *GX-Diät-Ampel*, *Vitamin-Ampel* sowie *Rheuma- und Gicht-Ampel*. Alle Bücher sind im Knaur-Verlag erschien und kosten 8,90 Euro.

Sven-David Müller-Nothmann leidet selbst seit 1976 an Diabetes mellitus (Typ 1) und daher gilt sein Einsatz besonders Diabetikern, für die er eine Vielzahl von Büchern geschrieben hat, z.B.: *Ernährungsratgeber - Backen bei Diabetes*, *Blutzucker natürlich senken*, *Zimt gegen Zucker* sowie *Zimt gegen Zucker - Das Rezeptbuch*.

Ferner sind noch folgende Bücher von dem Autor im Buchhandel erhätlich: *Die 50 besten Kalorienkiller*, *Cholesterin natürlich senken*, *Jeder kriegt sein Fett weg*, *Köstlich essen für Leber und Galle* und *Das Kalorien-Nährwert-Lexikon*.

www.abnehmen-ernaehrung-vitamine.de

www.dkgd.de

www.svendavidmueller.de
info@svendavidmueller.de